MITOS JUDICIALES Y FALACIAS ARGUMENTATIVAS EN LOS PRINCIPIOS GENERALES DEL DERECHO

Una reflexión intelectual sobre su aplicación e interpretación en el Sistema Jurídico Mexicano

Dr. Gilberto Daniel Corral López

MITOS JUDICIALES Y FALACIAS ARGUMENTATIVAS EN LOS PRINCIPIOS GENERALES DEL DERECHO

Una reflexión intelectual sobre su aplicación e interpretación
en el Sistema Jurídico Mexicano

Dr. Gilberto Daniel Corral López

ATHENA
EDICIONES

Autor: Dr. Gilberto Daniel Corral López
Diseño de portada: Kengelyn Alarcón
Corrección de estilo: Adelis Becerrit Díaz
Maquetación: Divayre Sandoval
MX. 2024 / © Copyright:
Todos los derechos reservados.
ISBN: 9798882551215
Primera edición.

ÍNDICE

ACERCA DEL AUTOR

Dr. Gilberto Daniel Corral López

Posdoctor en Derecho por el Instituto de Posgrados en Humanidades de Coahuila

Doctor en Derecho con acentuación en Derecho Penal por el Instituto de Posgrados en Humanidades en Coahuila

Doctor en Derecho Penal por el Centro de Estudios de Posgrado de la Ciudad de México

Estudios de Derecho Penal por la Universidad de Castilla La Mancha, Campus Toledo, España

Estudios de Derecho Penal por el Centro de Estudios Socio Jurídicos Latinoamericanos con sede en Medellín, Colombia

Estudios en Derecho Penal en la Universidad Externado de Colombia

Maestro en Derecho Penal por la Universidad CEUSS

Maestro en Derecho Constitucional y Amparo por la Universidad CEUSS

Maestro en Derecho Procesal Electoral por la Universidad IEXPRO

Maestro en Derecho Fiscal y Administrativo por la Universidad CEUSS

Profesor en la Universidad Autónoma de Chihuahua

Fundador y socio del Despacho Corral y Asociados SC

DEDICATORIAS:

Mis primeras letras se las debo a mis padres: Gilberto Corral y Alicia López; las últimas espero debérselas a mis hijos: Matthew y Dan Corral, para ustedes con amor.

"Uno no es lo que es por lo que escribe, sino por lo que ha leído".

Jorge Luis Borges

"Nadie que esté satisfecho es capaz de escribir, nadie que esté de acuerdo, reconciliado con la realidad, cometería el ambicioso desatino de inventar realidades verbales. La literatura es una forma de insurrección permanente".

Mario Vargas Llosa *en su discurso: "La literatura es fuego"*

INTRODUCCIÓN

De acuerdo al Art.14 de la Constitución Política de los Estados Unidos Mexicanos (Constitución Política de lo Estados Unidos Mexicanos, 1917), en los juicios del orden civil, la sentencia definitiva deberá ser conforme a la letra de la Ley o la interpretación jurídica de la misma (jurisprudencia) y a falta de Esta, *se fundará en los principios generales del Derecho.*

En esa inteligencia, los principios generales del Derecho son una fuente especial en nuestro sistema de justicia y a la vez una forma de evitar el caos exegético o hermenéutico y, desde luego, no son de aplicación exclusiva del Derecho Civil, aplican y abundan en todas las disciplinas jurídicas. Hay quienes calculan que nuestro sistema jurídico cuenta con más de 120 principios generales, de los cuales abordo 7 para exponerlos y desmitificarlos, y de los cuales brindo algunos ejemplos:

- "La ignorancia de la ley no exime de su cumplimiento"
- "Nadie está obligado a lo imposible"
- "El que es primero en tiempo, es primero en Derecho"

Contrario a lo que muchos sostienen, no son conceptos altamente estudiados en el pensamiento jurídico nacional, *mi tesis es que existen un sinfín de mitos judiciales, falacias argumentativas, pero también verdades universales detrás de cada principio.* La trayectoria ideológica de esta modesta obra es generar una reflexión crítica y estructurada sobre su aplicación en los tribunales de nuestro país e ilustrarlo con casos prácticos que le permitan conocer al lector las ambigüedades, contradicciones y confirmaciones que por sí mismos postulan los principios.

Por definición, los principios generales "son criterios (entes de razón) que expresan un juicio de la conducta humana a seguir en cierta situación. El fundamento de esos principios es la naturaleza humana racional, social y libre; ellos expresan el comportamiento que conviene al hombre seguir en orden a su perfeccionamiento como ser humano". (Aranda Z., 2023)

Otros autores, los definen como valores jurídicos de aceptación universal que, por su natural tendencia hacia lo que es justo y equitativo, deben ser válidos en todo momento.

Burruel Huerta (Burruel Huerta, 2013), ejemplifica un principio general del Derecho que dice: *"Nadie por encima de la Ley"* (una frase muy hecha por políticos) y, para demostrar la falsedad de tal enunciado general, argumenta con todo acierto que tal principio es falso, en realidad el control de convencionalidad por sí mismo le ordena al Juez natural que desobedezca la ley y aplique el tratado internacional en su defecto.

El mismo autor apunta: "En los principios es que vemos un esfuerzo por contener valores y por lo tanto, deben analizarse pues trascienden a la generalidad de la norma y es indispensable para interpretar la Ley y para juzgar".

Sufrimos entonces una especie de *principiología*, puesto que la Suprema Corte le dice principio a cualquier cuestión contenida en la Constitución, pero eso es inexacto.

"los libros curan la más peligrosa de las enfermedades: la ignorancia". Autor anónimo

CAPÍTULO 1

LA IGNORANCIA DE LA LEY NO EXIME DE SU CUMPLIMIENTO

Este principio puede ser analizado en 3 vertientes o categorías de análisis diferentes:

- La ficción de conocer la totalidad del Derecho
- El error de prohibición en el Derecho Penal mexicano
- El artículo 21 del Código Civil Federal

1.1 La ficción de conocer la totalidad del Derecho

Es una falsedad pretender que un abogado y con menos razón una persona que no tiene una formación académica en el Derecho, pueda conocer la totalidad de las normas. Si revisamos los registros de la Secretaría de Servicios Parlamentarios de la Cámara de Diputados, nos damos cuenta de que existen 314 ordenamientos (normas generales) en materia federal. (Diputados, 2023). Por otra parte, nuestra Constitución

17

Política ha sufrido más de 700 reformas desde que fue promulgada el 05 de febrero de 1917.

Aunado a lo anterior, cada entidad federativa cuenta con su propia legislación, por citar un ejemplo, la Consejería Jurídica y de Servicios Legales del Gobierno de la Ciudad de México, registra que la Ciudad de México, además de tener su propia Constitución Política, tiene 180 leyes, 150 reglamentos y 7 Códigos. (México, 2023)

En esa misma tesitura, si revisamos el Archivo Histórico y Memoria Legislativa del Senado de la República (República, 2023), México tiene firmados y ratificados 1270 tratados, de los cuales 13 son Tratados de Comercio, 653 son bilaterales y 617 multilaterales. Obviamente que la cifra es dinámica y se va incrementando el número de instrumentos cada mes y año por la naturaleza de la actividad diplomática y legislativa de México.

Sería absurdo presuponer que si un perito en Derecho no puede conocer la totalidad de las normas que se encuentran en vigor en el orden jurídico mexicano, lo tendría que conocer una persona que no tiene la formación académica como abogado. De ahí entonces, que la exigibilidad de NO IGNORAR la ley se vuelva irracional e irreal. En cierto sentido, todos ignoramos el Derecho aplicable en nuestro país. (Villalta y Vidal, 1982)

Luego, el legislador secundario de la Ciudad de México llevó más allá el tema de la ignorancia del Derecho a un grado punible y sancionable bajo responsabilidad administrativa (por ende, patrimonial del Estado) en el caso de los Jueces y Magistrados al estatuir lo siguiente en el Art. 728 del Código de Procedimientos Civiles para la Ciudad de México:

Capítulo IV

De la Responsabilidad Civil

Art. 728 La responsabilidad civil en que puedan incurrir jueces y magistrados, cuando en el desempeño de sus funciones infrinjan las leyes por negligencia *o ignorancia* inexcusables, solamente podrá exigirse a instancia de la parte perjudicada, en el juicio ordinario, y ante el inmediato superior del que hubiere incurrido en ella.

Desde luego, la ignorancia inexcusable no se justificaría, pero debemos recordar dos aspectos:

- Los funcionarios judiciales ingresan por concurso de oposición y están sujetos a un órgano que regula la carrera judicial y se encuentran bajo constantes cursos de capacitación.

- La responsabilidad civil y administrativa que deviene por la presunta ignorancia citada, en realidad, es una forma de trasladar la responsabilidad del Estado al funcionario judicial que me parece improcedente.

La propia Constitución advierte en su Art. 14, que hay supuestos fácticos donde por la inexistencia de un producto legislativo (una norma general), por la confusión o interpretación del texto legislativo (jurisprudencia), es necesario aplicar los principios generales del Derecho, y como estamos analizando en estas líneas, esos principios contienen falacias argumentativas y contradicciones.

Bajo esta premisa y si invertimos el presupuesto lógico del legislador: LA IGNORANCIA DE LA LEY DEBE CONDENARTE, lo cual me parece una aberración jurídica en pleno siglo XXI, y la interpretación de dicho principio, debe darse en el sentido de que debe ser una ignorancia inexcusable como veremos en un próximo subtema.

1.2 El error de prohibición en el Derecho Penal mexicano

En la dogmática penal, un tema predilecto es el estudio de la Teoría del Delito, la cual es una técnica especializada para estudiar de forma sistemática si una conducta constituye un hecho ilícito y debe ser sancionable.

La teoría del delito nos enseña que para que una conducta sea ilícita debe ser típica (que la conducta se adecue exactamente a la descripción de la norma penal), antijurídica (contravenga una disposición normativa punitiva) y que además esa conducta sea reprochable al sujeto (culpabilidad). Aquí en este punto, y de acuerdo a lo que señala el maestro Raúl Zaffaroni, se dan las batallas más arduas del ser humano, porque debe de juzgar a otro semejante. (Zaffaroni, 1982)

Dentro de esta última categoría de la culpabilidad, encontramos la figura del *error de prohibición o error de derecho*, que básicamente se define como un estado de ignorancia o de desconocimiento, de no saber (sin conciencia de la ilicitud o de sus alcances), y lo encontramos en la legislación punitiva en el Art. 15 fracción VIII, inciso b) del Código Penal Federal, que a la literalidad dice:

CAPÍTULO IV
Causas de exclusión del delito

Artículo 15.- El delito se excluye cuando:

VIII.- Se realice la acción o la omisión bajo un error invencible;

1. **A)** Sobre alguno de los elementos esenciales que integran el tipo penal; o

2. **B)** Respecto de la ilicitud de la conducta, ya sea porque el sujeto desconozca la existencia de la ley o el alcance de la misma, o porque crea que está justificada su conducta.

Si los errores a que se refieren los incisos anteriores son vencibles, se estará a lo dispuesto por el artículo 66 de este Código;

La ignorancia de la Ley constituye causa de exclusión del delito, habría que matizar el hecho de que puede ser la ignorancia en general, sobre su alcance o por justificantes.

Voy a citar dos ejemplos: Imaginemos que una persona de origen rarámuri en la sierra de Chihuahua, lleva consigo (posee y transporta) un costal de un psicotrópico hacia su comunidad para la celebración de un ritual ancestral y milenario. Sin embargo, al advertir la presencia de agentes policíacos, el

21

individuo sale huyendo de los agentes (muestra una conducta evasiva) y luego de ser detenido, en el proceso penal su defensor argumenta el error de prohibición (ignorancia de la ley), la realidad es que era un desconocimiento o ignorancia de la ley vencible (partiendo de la premisa de que tenía tratos comerciales y vida cultural con población no perteneciente al pueblo originario), es decir, además de la conciencia de la ilicitud por las circunstancias de la detención al pretender darse a la fuga (sabía por su reacción que estaba cometiendo un ilícito), en ese caso, la pena se atenúa y se le atribuye la responsabilidad a título de culpa como lo dice el Art. 66 del Código Penal Federal.

El segundo caso ejemplificativo es el de un joven que hace algunos años iba caminando por la orilla del Río Bravo, en Ciudad Juárez, de repente, se encuentra una tortuga que es una especie protegida por la legislación ambiental, desde luego que él lo ignoraba, siempre había visto que las demás personas jugaban y tomaban algunas tortugas, sus padres y abuelos jugaban con ellas (de hecho así se llama el parque: de las tortugas), nunca ha habido operativos por parte de la Procuraduría Federal de Protección al Ambiente (PROFEPA), y decide tomar una tortuga y ponerla en su mochila, al realizarle una inspección en sus ropas, agentes municipales lo detienen y le dan vista a la autoridad federal ambiental y lo ponen a disposición del Ministerio Público Federal y posteriormente ante el Juez de Distrito; a todas luces estamos en presencia de un error de prohibición o desconocimiento de la ley exculpante, toda vez que ignoraba que se trataba de una especie en vías de extinción (abundaban las tortugas en el parque), y desconocía que estaba protegida por la legislación ambiental, ya que desde muchos años atrás las personas tomaban los ejemplares sin ser sancionadas. Luego de afrontar el proceso, el joven fue puesto en libertad no sin antes pasar por un trago amargo.

Este caso representa un ejemplo de que la ignorancia de la Ley sí constituye una causa exculpante en un delito, es decir, que te exime. Veamos ahora como lo dice la jurisprudencia:

Registro digital: 2007868

Instancia: Tribunales Colegiados de Circuito

Décima Época

Materia(s): Penal

Tesis: XXVII.3o. J/7 (10a.)

Fuente: Gaceta del Semanario Judicial de la Federación.

Libro 12, noviembre de 2014, Tomo IV, página 2709

Tipo: Jurisprudencia

DELITO. ELEMENTOS DE LA CULPABI-LIDAD QUE DEBEN ANALIZARSE EN LA SENTENCIA DEFINITIVA.

En la jurisprudencia 1a./J. 143/2011 (9a.), publicada en el Semanario Judicial de la Federación y su Gaceta, Décima Época, Libro III, Tomo 2, diciembre de 2011, página 912, de rubro: "**ACREDITACIÓN DEL CUERPO DEL DELITO Y DEL DELITO EN SÍ. SUS DIFERENCIAS.**", la Primera Sala de la Suprema Corte de Justicia de la Nación estableció que en toda sentencia definitiva debe analizarse si existe o no delito, esto es, una conducta típica, antijurídica y culpable. Una conducta típica, antijurídica es culpable cuando al autor o partícipe del delito le es reprochable el haber contravenido el orden jurídico. Luego, del artículo 15, fracciones V, VII, VIII, inciso B) y IX del Código Penal Federal, se advierte que el autor o partícipe del delito es culpable cuando: i) es imputable (capacidad de culpabilidad); ii) conocía la antijuridicidad de su conducta; y, iii) le resultaba exigible otra conducta. Los anteriores elementos se excluyen por: a) La inimputabilidad. Consiste en que, al momento de realizar el hecho típico, el agente no tenga la capacidad de comprender su carácter ilícito o de conducirse de acuerdo con esa comprensión, en virtud de padecer trastorno mental o desarrollo intelectual retardado, a no ser que el agente lo hubiere provocado dolosa o culposamente, en cuyo caso responderá por el resultado típico siempre que lo haya previsto o le fuere previsible; b) El error de prohibición invencible. Se presenta cuando se realice la acción u omisión bajo un error invencible respecto de la ilicitud de la conducta, ya sea porque el sujeto desconozca la existencia de la ley o su alcance (error directo), o porque crea que está justificada su conducta (error indirecto o sobre las causas de justificación); c) El estado de necesidad inculpante; en él, el sujeto activo obra por la necesidad de salvaguardar un bien jurídico propio o ajeno, de un peligro real, actual o inminente, no ocasionado dolosamente por el agente, lesionando otro bien de igual valor que el salvaguardado, siempre que el peligro no sea evitable por otros medios y el agente no tuviere el deber jurídico de afrontarlo; y, d) La inexigibilidad de otra conducta.

Cuando en atención a las circunstancias que concurren en la realización de una conducta ilícita, no sea racionalmente exigible al agente una conducta diversa a la que realizó, en virtud de no haberse podido determinar a actuar conforme a derecho.

Entonces, el error de prohibición demuestra la falacia argumentativa que encierra en parte el principio general del Derecho que señala: "La ignorancia de la Ley no te exime de su cumplimiento".

1.3 El Art. 21 del Código Civil Federal

En la legislación civil federal encontramos una disposición que ha sido vista históricamente como el repositorio del principio que nos ocupa en este capítulo. El Art. 21 del Código Civil Federal, que estatuye:

Artículo 21.- La ignorancia de las leyes no excusa su cumplimiento; pero los jueces teniendo en cuenta el notorio atraso intelectual de algunos individuos, su apartamiento de las vías de comunicación o su miserable situación económica, podrán, si está de acuerdo el Ministerio Público, eximirlos de las sanciones en que hubieren incurrido por la falta de cumplimiento de la ley que ignoraban, o de ser posible, concederles un plazo para que la cumplan; siempre que no se trate de leyes que afecten directamente al interés público.

En este artículo encontramos la ignorancia de la ley como eximente de responsabilidad penal, pero también de responsabilidad contractual y extracontractual, ya que le concede al Juez civil la facultad de otorgar período de gracia para el cumplimiento de la norma o del instrumento contractual firmado, obviamente que habría que probar ese elemento (si se trata de un abogado, no puede argumentarse el desconocimiento general de la norma).

Considero que este principio implica la creación de un tipo de mito judicial en el sentido de que las personas siempre estarán obligadas a cumplir, pero recordemos que los contratos ahora abundan en tecnicismos que escapan al común o generalidad de las personas. Se tendría que analizar cada caso en particular.

"El derecho consiste en tres reglas o principios básicos: vivir honestamente, no dañar a los demás y dar a cada uno lo suyo. Es el arte de lo bueno y lo equitativo".

Marco Tulio Cicerón

CAPÍTULO 2

NADIE ESTÁ OBLIGADO A LO IMPOSIBLE

Este principio puede ser analizado desde el ámbito del cumplimiento de las obligaciones en la materia civil, vinculado con el caso fortuito y fuerza mayor y desde la no exigibilidad de otra conducta en la materia penal.

2.1 El caso fortuito, fuerza mayor o fuerza insuperable

El caso fortuito se puede definir de la siguiente forma: "es el evento, hecho o suceso que acontece por causas humanas, imprevisible, inevitable y que impide hacer lo querido o debido". (Poder Judicial de la República de Costa Rica, 2023).

Otros autores denotan una diferencia entre el caso fortuito y la fuerza mayor o insuperable, lo cual me parece correcto. De acuerdo al Instituto de Investigaciones Jurídicas de la UNAM (UNAM, 2023) *el caso fortuito implica un evento de la naturaleza que es impredecible,* en tanto que *la fuerza mayor o superior implica un evento causado por el hombre que es inevitable.* La particularidad que comparten es que ambos están fuera del control racional de las partes.

El caso fortuito lo encontramos previsto en el Art. 1847 del Código Civil Federal (Código Civil Federal) y en los Arts. 1796 y 1796 Bis del Código Civil para la Ciudad de México (Código Civil para la Ciudad de México), que a la letra se insertan para su análisis:

Código Civil para la Ciudad de México

ARTICULO 1796.- Los contratos se perfeccionan por el mero consentimiento, excepto aquellos que deben revestir una forma establecida por la Ley. Desde que se perfeccionan obligan a los contratantes no sólo al cumplimiento de lo expresamente pactado, sino también a las consecuencias que, según su naturaleza son conforme a la buena fe, al uso o a la ley, con excepción de aquellos contratos que se encuentren en el supuesto señalado en el párrafo siguiente.

Salvo aquellos contratos que aparezcan celebrados con carácter aleatorio, cuando en los contratos sujetos a plazo, condición o de tracto sucesivo, *surjan en el intervalo acontecimientos extraordinarios de carácter nacional que no fuesen posibles de prever y que generen que las obligaciones de una de las partes sean más onerosas,* dicha parte podrá intentar la acción tendiente a recuperar el equilibrio entre las obligaciones conforme al procedimiento señalado en el siguiente artículo.

ARTICULO 1796 Bis. - En el supuesto del segundo párrafo del artículo anterior, se tiene derecho de pedir la modificación del contrato. La solicitud debe hacerse dentro de los treinta días siguientes a los acontecimientos extraordinarios y debe indicar los motivos sobre los que está fundada.

La solicitud de modificación no confiere, por sí misma, al solicitante el derecho de suspender el cumplimiento del contrato.

En caso de falta de acuerdo entre las partes dentro de un término de treinta días a partir de la recepción de la solicitud, el solicitante tiene derecho a dirigirse al juez para que dirima la controversia. Dicha acción deberá presentarse dentro de los treinta días siguientes.

Si se determina la procedencia de la acción por ocurrir los acontecimientos a que se refiere el artículo anterior, la parte demandada podrá escoger entre:

I) La modificación de las obligaciones con el fin de restablecer el equilibrio original del contrato según lo determine el juez,

II) La resolución del contrato en los términos del siguiente artículo.

Código Civil Federal

Artículo 1847.- No podrá hacerse efectiva la pena cuando el obligado a ella no haya podido cumplir el contrato por hecho del acreedor, caso fortuito o fuerza insuperable.

De lo anterior y como lo señalan Cornell y Asociados (Asociados, 2023) se desprende que el caso fortuito debe reunir algunos elementos importantes:

- Debe ser un acontecimiento insuperable.
- Debe ser un obstáculo general, salvo un caso excepcional.
- Debe ser un fenómeno de la naturaleza o un hecho de persona con autoridad pública, temporal o definitivo.
- Debe ser un acontecimiento imprevisible.
- Debe producir una conducta dañosa contraria a un deber jurídico o a una obligación.

Veamos ahora que es lo que señalan algunas tesis que se generaron con el quehacer jurisdiccional sobre el caso fortuito y la fuerza mayor:

Registro digital: 245709

Instancia: Sala Auxiliar

Séptima Época

Materia(s): Laboral

Fuente: Semanario Judicial de la Federación. Volumen 121-126, Séptima Parte, página 81

Tipo: Aislada

CASO FORTUITO O FUERZA MAYOR. ELEMENTOS.

Independientemente del criterio doctrinal que se adopte acerca de si los conceptos fuerza mayor y caso fortuito tienen una misma o diversa significación, no se puede negar que sus elementos fundamentales y sus efectos son los mismos, pues se trata de sucesos de la naturaleza o de hechos del hombre que, siendo extraños al obligado, lo afectan en su esfera jurídica, impidiéndole temporal o definitivamente el cumplimiento parcial o total de una obligación, sin que tales hechos le sean imputables directa o indirectamente por culpa, y cuya afectación no puede evitar con los instrumentos de que normalmente se disponga en el medio social en el que se desenvuelve, ya para prevenir el acontecimiento o para oponerse a él y resistirlo.

Registro digital: 197162
Instancia: Tribunales Colegiados de Circuito
Novena Época
Materia(s): Civil
Tesis: II.1o.C.158 C
Fuente: Semanario Judicial de la Federación y su Gaceta. Tomo VII, enero de 1998, página 1069
Tipo: Aislada

CASO FORTUITO O FUERZA MAYOR. CUANDO EL ACTO O HECHO EN QUE SE SUSTENTA ES UN ACTO DE AUTORIDAD.

La doctrina jurídica es unánime al admitir que existen ocasiones en que el incumplimiento de una obligación no puede ser imputable al deudor, porque este se ve impedido a cumplir por causa de un acontecimiento que está fuera del dominio de su voluntad, que no ha podido prever o que aun previéndolo no ha podido evitar. A un acontecimiento de esa naturaleza se le llama caso fortuito o fuerza mayor. Los diversos tratadistas como Bonnecase, García Goyena, Henri León Mazeaud y André Tunc, también son acordes al distinguir tres categorías de acontecimientos constitutivos del caso fortuito o de fuerza mayor, según provengan de sucesos de la naturaleza, de hechos del hombre o de actos de la autoridad; sea que el acontecimiento proceda de cualquiera de esas fuentes y, por ello, provoque la imposibilidad física del deudor para cumplir la obligación, lo que traerá como lógica consecuencia que no incurra en mora y no pueda considerársele culpable de la falta de cumplimiento con la correspondiente responsabilidad de índole civil, dado que a lo imposible nadie está obligado.

Las características principales de esta causa de inimputabilidad para el deudor son la imprevisibilidad y la generalidad, puesto que cuando el hecho puede ser previsto, el deudor debe tomar las prevenciones correspondientes para evitarlo y si no lo hace así, no hay caso fortuito o fuerza mayor; el carácter de generalidad implica que la ejecución del hecho sea imposible de realizar para cualquier persona, no basta, pues, con que la ejecución sea más difícil, más onerosa o de desequilibrio en las prestaciones recíprocas. Así, cuando se trata de actos de autoridad, que algunos autores como Manuel Borja Soriano catalogan dentro de la categoría de hechos provenientes del hombre, el hecho del príncipe, se da a entender a todos aquellos impedimentos que resultan de una orden o de una prohibición que emana de la autoridad pública.

Debe precisarse que existen casos donde no opera el principio de que nadie está obligado a lo imposible, atendiendo al argumento del caso fortuito o la fuerza superior, sobre todo, cuando se examinan las circunstancias del cumplimiento de tiempo y forma, o el estado de imposibilidad de cumplimiento de la obligación. Hace tiempo el Tribunal Electoral del Estado de Quintana Roo, emitió la siguiente tesis en el recurso de revisión 02/2006-II que por el argumento judicial utilizado resulta de interés para nuestro análisis:

EL PRINCIPIO DE QUE NADIE ESTA OBLIGADO A LO IMPOSIBLE. NO SE ACTUALIZA SI EL ACTO ERA PREVISIBLE Y SE CONTABA CON TIEMPO SUFICIENTE PARA QUE EL OBLIGADO CUMPLIERA CON EL REQUERIMIENTO QUE SE LE FORMULO.- La doctrina ha considerado como características principales de esta causa de inimputabilidad para el obligado la imprevisibilidad y la generalidad, puesto que cuando el hecho puede ser previsto, el obligado debe tomar las prevenciones correspondientes para evitarlo y, si no lo hace así, no hay caso fortuito o fuerza mayor; el carácter de generalidad implica que la ejecución del hecho sea imposible de realizar para cualquier persona. No puede estimarse que el inconforme se hubiera encontrado en un estado de imposibilidad para cumplir con el requerimiento que le fuera formulado, por el Consejo General del Instituto Estatal Electoral, en virtud de que, en realidad, sí estuvo en aptitud física, legal y material para obtener oportunamente, la constancia de residencia de acuerdo a los requerimientos planteados por la autoridad antes mencionada. En el derecho electoral existen principios procesales relativos a la carga de la prueba, dentro de los cuales se destaca el consistente en que: "El que afirma está obligado a probar", según se desprende de lo dispuesto por el artículo 322 del Código de Instituciones y

Procedimientos Electorales para el Estado de Guanajuato, en el caso que nos ocupa, la carga de la prueba corresponde al recurrente, a fin de demostrar que estuvo en una imposibilidad real o material, para satisfacer el requerimiento mencionado, es decir; no es suficiente su afirmación de que estuvo en la imposibilidad que menciona, si no demuestra mediante constancias y datos objetivos que aconteció tal situación, que tomó todas las precauciones necesarias para obtener la constancia de residencia y que por una causa no imputable a la coalición política, no le fueron entregadas oportunamente, para dar cumplimiento satisfactorio al requerimiento. A mayor abundamiento, el impetrante no acredita que tomó todas las providencias necesarias para darle el debido cumplimiento, pues no probó que hubiere solicitado a la autoridad municipal, desde el momento en que se le notificó el requerimiento, la constancia de residencia, y que fue por causa imputable a esa autoridad la tardanza de la entrega de tal constancia, en el caso de que hubiere existido, sin embargo; de las constancias que integran el expediente no se desprende que la entrega extemporánea hubiere sido por causa imputable a la autoridad, pues aún más, el impetrante omite exponer la fecha y hora en que solicitó la constancia para considerar, en un momento dado, que la entrega extemporánea se debió a una causa no imputable al inconforme y que ello estuvo fuera del alcance de su voluntad; luego entonces, incumplió con la carga probatoria que le correspondía, que consiste en demostrar sus afirmaciones. Respecto a la segunda característica que la doctrina le atribuye a los actos de fuerza mayor, consistente en la generalidad, esta tampoco fue acreditada por el recurrente, pues de los autos no se deriva que ningún partido político hubiere podido cumplir con los requerimientos formulados por el Consejo General del Instituto Electoral del Estado de

Guanajuato, dentro del plazo que les otorgó; para con ello considerar que efectivamente la ejecución del cumplimiento del requerimiento era de realización imposible para todos aquellos a quienes se concedió el plazo de 48 cuarenta y ocho horas para subsanar el requisito omitido, lo que conlleva a que esta Sala estime que dicha coalición no estuvo colocada ante un hecho de realización imposible, por no encontrarse demostrado en autos.

Recurso de Revisión número 02/2006-II y acumulados. Segunda Sala Unitaria. Magistrada Martha Susana Barragán Rangel. 09 de mayo de 2006, pág. 39-44.

Entonces, un aspecto relevante que se tiene que definir primero es el concepto de imposibilidad, a la luz de la racionalidad, las máximas de la experiencia, la lógica y la sana crítica. El estado de imposibilidad es un concepto que debe estudiar el Tribunal al momento de dictar sentencia sobre el incumplimiento de un contrato civil. Obviamente que existen hechos notorios como el inicio de una pandemia mundial derivada del SARS-COV-2, fenómenos meteorológicos o actividad sismológica, en ellos la simple lógica nos permite concluir el estado de imposibilidad, pero en otras el estudio tendrá que ser más profundo.

2.2 La no exigibilidad de otra conducta

En el Derecho Penal (Teoría del Delito), al estudiar la categoría de la culpabilidad encontramos las causas de inculpabilidad como aspectos negativos que concurren para que no se actualice la culpa en el autor de un hecho ilícito. Una de esas causas es "la no exigibilidad de otra conducta" esto es, que nadie puede exigir o reprochar una conducta imposible de realizar desde el pensamiento humano. Es básicamente la inculpabilidad por no poder exigir al agente haber obrado en forma distinta de cómo lo hizo.

En el Derecho Penal mexicano localizamos la no exigibilidad de otra conducta en la fracción IX del Art 15 del Código Penal Federal:

CAPÍTULO IV
Causas de exclusión del delito

Artículo 15.- El delito se excluye cuando:

> **IX.**- Atentas las circunstancias que concurren en la realización de una conducta ilícita, no sea racionalmente exigible al agente una conducta diversa a la que realizó, en virtud de no haberse podido determinar a actuar conforme a derecho; o

Por ejemplo, el miedo grave y el temor fundado son causas de inculpabilidad. El miedo grave puede definirse como una perturbación de la psique del individuo producida por algo real o imaginario, un estado de ánimo que disminuye la capacidad de reflexión. En tanto que el temor fundado (también llamado coacción moral) es un estado psíquico alterado del agente, producto de la amenaza de un mal en bienes jurídicos propios o ajenos, de tal suerte que el sujeto se ve impedido para entender y querer la conducta y su resultado. (Vergara T., 2002)

De igual forma, si alguien intenta privarme de la vida, y me defiendo y lo privo de la suya, me ubico en la justificación denominada "legítima defensa", mi reacción es lógica, natural, esperada, justificada, etc. En ese sentido nadie me podría juzgar (tribunal) o exigir humanamente que haya actuado de forma distinta de cómo lo hice.

Muchos jueces y abogados confunden la figura del estado de necesidad con el temor fundado y la legítima defensa, cuando se supone que concurren estas. La realidad es que en las primeras se pone en riesgo un bien jurídico, en el estado de necesidad (en caso de sismos, ciclones, amenazas de muerte) se pone en riesgo un bien de igual o mayor valor jurídico porque hay necesidad de hacerlo, en cambio en el temor fundado, si bien existe ese mismo peligro, este es ocasionado por un tercero. Esto no puede concurrir o compatibilizar con la legítima defensa, porque allí el sujeto sí se encuentra en condiciones normales de imputabilidad, veamos cómo lo aduce la siguiente tesis:

Registro digital: 191613

Instancia: Tribunales Colegiados de Circuito

Novena Época

Materia(s): Penal

Tesis: IV.1o.P.C.9 P

Fuente: Semanario Judicial de la Federación y su Gaceta. Tomo XII, Julio de 2000, página 779

Tipo: Aislada

LEGÍTIMA DEFENSA, MIEDO GRAVE Y TEMOR FUNDADO, INCOMPATIBILIDAD DE LAS EXCLUYENTES DE (LEGISLACIÓN DEL ESTADO DE NUEVO LEÓN).

Las excluyentes de legítima defensa, miedo grave y temor fundado, son incompatibles entre sí, ya que el miedo grave constituye causa de inimputabilidad y exige que el sujeto activo haya perdido la motivación, representación y conciencia normal de sus actos, o haya caído en un estado de anulación individual. En el temor fundado, la acción típica de quien lo experimenta no es culpable, por no ser exigible otra conducta a quien obra bajo la amenaza de un mal inminente que disminuye la posibilidad de elegir entre el mal de cometer un delito y el propio mal que le amenaza. En cambio, en la legítima defensa, que es causa de justificación, el agente actúa en condiciones normales de imputabilidad, pero rechazando una agresión, es decir, su conducta es de repulsa, no de allanamiento a una exigencia de carácter delictivo, como sucede en el temor fundado.

Con relación al miedo grave y el temor fundado, es de destacarse la siguiente tesis:

Registro digital: 183829

Instancia: Tribunales Colegiados de Circuito

Novena Época

Materia(s): Penal

Tesis: VIII.3o.10 P

Fuente: Semanario Judicial de la Federación y su Gaceta. Tomo XVIII, julio de 2003, página 1106

Tipo: Aislada

EXCLUYENTES DE RESPONSABILIDAD. EL MIEDO GRAVE O TEMOR FUNDADO DEBE EXAMINARSE COMO CAUSA DE INEXIGIBILIDAD DE OTRA CONDUCTA PREVISTA EN LA FRACCIÓN IX DEL ARTÍCULO 15 DEL CÓDIGO PENAL FEDERAL.

De la exposición de motivos, así como de la evolución histórico-legislativa del artículo 15 del Código Penal Federal, se llega a la conclusión de que en el pasado la fracción VI de dicho artículo contemplaba en forma autónoma como causa de exclusión en la realización de una conducta delictiva la de miedo grave o temor fundado; empero, el legislador reformó dicha disposición introduciendo en la fracción IX como causa de exclusión del delito la no exigibilidad de otra conducta distinta, sin reiterar en su texto a propósito del miedo grave y temor fundado lo establecido en la fracción VI del propio artículo, estimando así que ese proceder quedaba comprendido como una causa de no exigibilidad de otra conducta; de ahí que el estado psicológico de o temor fundado producido por amenazas, debe analizarse conforme al contenido actual de la fracción IX del artículo en comento.

Luego, en torno a la inexigibilidad de otra conducta, el maestro Enrique Díaz Aranda (Díaz Aranda, 2015) ilustró con un ejemplo interesante la inexigibilidad de una conducta cuando relataba que un niño cayó en un área de gorilas en un zoológico y un hombre tuvo el valor de brincar la barrera de seguridad para tratar de salvar la vida del infante, poniendo en riesgo su propia vida, y lo arrojó con todas sus fuerzas hacia el exterior, resultando que producto de la fuerza el pequeño se impactó contra un muro o pared de las instalaciones, perdiendo la vida el infante en el acto como producto de las lesiones causadas. La pregunta es: ¿Le podríamos reprochar la conducta al hombre? ¿Le podríamos exigir humanamente un actuar distinto, si buscaba ponerlo a salvo al arrojar al niño fuera del área de peligro? Allí tenemos la inexigibilidad de otra conducta.

"Los dos guerreros más poderosos son la paciencia y el tiempo". León Tolstoi

CAPÍTULO 3

EL QUE ES PRIMERO EN TIEMPO, ES PRIMERO EN DERECHO (PRIOR IN TEMPORE, POTIOR IN IURE)

Como cultura jurídica hay que apuntar que este principio en realidad nació desde la época del Pontífice Bonifacio VIII (1235-1303), quien emitió las 87 regulae iuris (reglas de Derecho), como intento por compilar las normas del Derecho canónico. Y de allí permeó a todos los sistemas jurídicos contemporáneos.

En el Derecho mexicano existe una tesis interesante sobre el hecho de que este principio se incorporó a nuestro sistema jurídico como reconocimiento de los pueblos originarios (Guerrero Galván & René, 2016), a través de la legitimación del régimen de usos y costumbres previsto en el Art. 2º de la Constitución mexicana, lo cual no me parece una desinteligencia porque implica la reivindicación de derechos culturales, sociales y una carga histórica que no puede invisibilizarse en la trayectoria ideológica de nuestra Norma Suprema, es decir, reconoció el Estado nacional mexicano, la existencia de naciones pluriculturales previas a este, es decir, primeras en tiempo, preferentes en derechos.

Sin embargo, destaquemos de inicio que la palabra *potior* en latín no significa primero, más bien, significa mejor o preferente, pero no significa primero, eso es falso. Entonces, sería mejor decir: "El que es primero en tiempo, es mejor o preferente en Derecho", lo cual no significa necesariamente que en todos los casos vaya a ser primero, esto tiene sus implicancias normativas. El tiempo en el Derecho es importante, porque delimita el alcance de los derechos y las obligaciones, no se digan los plazos o tiempos procesales (términos) que se establecen por los Códigos Procesales, pero sin sonar einsteniano, el tiempo se vuelve relativo en la observación de la ley cuando intervienen otros factores o principios como la retroactividad y ultraactividad de la ley o el acceso a la tutela judicial efectiva.

La retroactividad es la posibilidad de aplicar una norma a situaciones de hecho consolidadas antes de su entrada en vigor.

La ultraactividad es la aplicación de una norma que ha sido expresa o tácitamente derogada a hechos que tuvieron lugar durante su término en vigencia, pero que actualmente se encuentran regidos por una nueva disposición jurídica, con el fin de proteger derechos adquiridos y legítimas expectativas de derechos. (LEGIS, 2023)

Por ejemplo, en el acceso a la tutela judicial efectiva, se han publicado tesis que, a fin de proteger los derechos humanos, relativizaron el tiempo para la interposición del juicio de amparo en las sentencias penales cuando se promulgó la nueva Ley de Amparo, veamos la tesis:

Registro digital: 2004148
Instancia: Tribunales Colegiados de Circuito
Décima Época
Materia(s): Común, Penal
Tesis: I.9o.P.35 P (10a.)
Fuente: Semanario Judicial de la Federación y su Gaceta. Libro XXIII, agosto de 2013, Tomo 3, página 1546
Tipo: Aislada

AMPARO DIRECTO CONTRA LA SENTENCIA CONDENATORIA QUE IMPONE PENA DE PRISIÓN. SI FUE DICTADA DURANTE LA VIGENCIA DE LA LEY DE AMPARO ABROGADA, AUN CUANDO EL ARTÍCULO 17, FRACCIÓN II, DE LA LEY PUBLICADA EN EL DIARIO OFICIAL DE LA FEDERACIÓN EL 2 DE ABRIL DE 2013, ESTABLEZCA UN PLAZO MÁXIMO DE OCHO AÑOS PARA PROMOVERLO, EN APLICACIÓN DE LOS PRINCIPIOS DE IRRETROACTIVIDAD, PROGRESIVIDAD, PRO PERSONA Y TUTELA JUDICIAL EFECTIVA, Y EN ATENCIÓN AL MAYOR Y MEJOR EJERCICIO DEL DERECHO HUMANO DE ACCESO A LA JUSTICIA, LA DEMANDA RESPECTIVA PUEDE PRESENTARSE EN CUALQUIER TIEMPO.

De los artículos 1o., 14, párrafo primero y 17 de la Constitución Política de los Estados Unidos Mexicanos; 8, numeral 2, inciso h) y 25 de la Convención Americana sobre Derechos Humanos; y 14 del Pacto Internacional de Derechos Civiles y Políticos, interpretados sistemáticamente a la luz de los principios de irretroactividad, progresividad, pro persona y tutela judicial efectiva, se advierte el criterio hermenéutico de los derechos humanos, en atención al cual debe acudirse a la norma más amplia y favorable o a la interpretación más extensiva, cuando se trata de reconocer derechos sustantivos protegidos, entre ellos el de la libertad personal. Así, al ponderar que la Ley de Amparo abrogada no establecía un plazo para promover el juicio contra una sentencia condenatoria que impusiera pena privativa de libertad, en contraposición a lo que señala la publicada en el Diario Oficial de la Federación el 2 de abril de 2013, vigente al día siguiente, en su artículo 17, fracción II, que establece un plazo máximo de ocho años para realizarlo, aun cuando el sentenciado inste la acción constitucional directa bajo la vigencia de esta última, en aplicación de los principios mencionados, se concluye que la ley abrogada en este caso particular, otorga un mayor y mejor ejercicio del derecho humano de acceso a la justicia, en tanto que la aplicación de la ley actual implicaría una disminución en lo ya logrado en cuanto a su alcance y contenido; pues no obstante que ambas leyes, en su naturaleza, constituyen el recurso efectivo de salvaguarda de la Constitución y de los derechos humanos en favor de toda persona, y su objeto es tutelar un proceso justo y el acceso a la justicia a través de un juicio eficiente y efectivo, como medio idóneo para respetar o restituir los derechos fundamentales del quejoso que fueren violentados por actos de autoridad, no basta que el recurso esté previsto en la Constitución o en la ley, o que sea formalmente admisible, sino que debe ser idóneo para establecer si se ha incurrido en una violación a los derechos humanos y proveer lo necesario para remediarlo, sin necesidad de analizar el carácter procesal de las normas en conflicto; de ahí que cuando el juicio de amparo se promueve contra la sentencia que impone pena de prisión, dictada durante la vigencia de la Ley de Amparo abrogada, la demanda respectiva puede presentarse en cualquier tiempo.

3.1 Mitos judiciales sobre la prelación en el tiempo respecto a la idoneidad o buena fe de los derechos adquiridos

Existe el pensamiento jurídico de que, ante dos títulos traslativos de dominio, debe prevalecer siempre el que sea primero en tiempo y no el de mejor calidad, lo cual constituye un mito judicial como lo explicaré a continuación.

Lo antes afirmado tiene sus matices, por ejemplo, en los casos de evicción, se desvirtúa un tanto el principio en comentario, porque no se trata sólo de analizar quién es el primero en tiempo en el derecho, *sino quién tiene el mejor derecho, es decir el tiempo deja de ser el parámetro normativo que regula la titularidad del derecho,* léase la siguiente tesis en apoyo de mi argumento:

Registro digital: 2001914

Instancia: Primera Sala

Décima Época

Materia(s): Civil

Tesis: 1a. CLI/2012 (10a.)

Fuente: Semanario Judicial de la Federación y su Gaceta. Libro XIII, octubre de 2012, Tomo 2, página 1202

Tipo: Aislada

EVICCIÓN. SUPONE LA DETERMINACIÓN DEL MEJOR DERECHO DE PROPIEDAD.

Para que tenga lugar la evicción es necesario que el derecho anterior que se opone al adquirente sea "un mejor derecho". No es suficiente que se trate de un derecho anterior para que en forma automática deba prevalecer sobre el derecho del nuevo adquirente. Si el derecho anterior es de la misma calidad que el derecho del nuevo adquirente, sin lugar a dudas prevalecerá por ser primero en tiempo; pero si el derecho anterior es deficiente, por no haber sido formalizado o perfeccionado, puede no prevalecer ante un derecho posterior de un tercero de buena fe que haya sido debidamente formalizado e inscrito.

Contradicción de tesis 493/2011. Suscitada entre los Tribunales Colegiados Primero y Segundo, ambos del Trigésimo Circuito. 11 de abril de 2012. La votación se dividió en dos partes: mayoría de cuatro votos por lo que se refiere a la competencia. Disidente: José Ramón Cossío Díaz. Unanimidad de cinco votos en cuanto al fondo. Ponente: Jorge Mario Pardo Rebolledo. Secretaria: Rosa María Rojas Vértiz Contreras.

Esto nos sitúa en otra hipótesis normativa interesante, la tesis precitada nos dice que pueden existir derechos anteriores (primeros en tiempo), pero que por su deficiencia o falta de formalidades o perfeccionamiento no van a ser mejores que el segundo en tiempo. No obstante, aquí se presenta otra disyuntiva argumentativa, ¿habrá casos en los que las formalidades del primer acto jurídico sean deficientes, pero aun así deba concedérseles el atributo de "mejor derecho"? Desde luego que sí, por ejemplo, en el caso de una tercería excluyente de dominio, donde un tercer adquirente de buena fe no produce un mejor derecho, aunque el primero en tiempo no observó el principio de buena fe registral este prevalece sobre el tercero, léase la siguiente tesis:

Registro digital: 2024897
Instancia: Tribunales Colegiados de Circuito
Undécima Época
Materia(s): Civil
Tesis: (IV Región) 1o.12 C (11a.)
Fuente: Gaceta del Semanario Judicial de la Federación. Libro 14, junio de 2022, Tomo VII, página 6457
Tipo: Aislada

TERCERÍA EXCLUYENTE DE DOMINIO. PREVALECE EL CONVENIO JUDICIAL DE CESIÓN DE DERECHOS DE PROPIEDAD DE UN BIEN INMUEBLE OTORGADO POR EL TITULAR REGISTRAL A FAVOR DE UN MENOR DE EDAD, PARA CUMPLIR CON LA OBLIGACIÓN ALIMENTARIA –ELEVADO A CATEGORÍA DE COSA JUZGADA–, FRENTE AL CONTRATO DE COMPRAVENTA CELEBRADO CON POSTERIORIDAD CON EL TERCERISTA, AL SER AQUÉL PRIMERO EN TIEMPO.

Hechos: El quejoso promovió tercería excluyente de dominio, respecto de un bien inmueble que adquirió a través de un crédito otorgado por el Instituto del Fondo Nacional de la Vivienda para los Trabajadores (Infonavit), el cual consta en instrumento notarial al haberse celebrado el contrato de cancelación de hipoteca, compraventa, apertura de crédito simple con garantía hipotecaria y contrato de mandato el cual, al momento de inscribirlo en el Registro Público de la Propiedad y del Comercio, se encontraba con un bloqueo judicial a petición de la madre del menor, derivado de la celebración de un convenio por concepto de pago de alimentos en favor del hijo menor de edad del vendedor y su madre, en donde aquel le cedió los derechos depropiedad.

Criterio jurídico: Este Tribunal Colegiado de Circuito determina que, en la tercería excluyente de dominio, prevalece el convenio judicial de cesión de derechos de propiedad de un bien inmueble otorgado por el titular registral a favor de un menor de edad, para cumplir con su obligación alimentaria – elevado a categoría de cosa juzgada–, frente al contrato de compraventa celebrado con posterioridad con el tercerista, al ser aquel primero en tiempo.

Justificación: Lo anterior, porque en esas condiciones, cuando se trata de dos actos jurídicos idóneos para adquirir la propiedad, en donde en el primero, correspondiente al convenio de alimentos, está clara la voluntad del propietario del inmueble de ceder los derechos de propiedad a su hijo y se aceptó por la madre del menor de edad en su representación; mientras que el otro acto que es una compraventa ante notario público, por la buena fe registral dado que el tercerista adquirió el predio de quien aparecía como titular registral, también es un acto idóneo para acreditar la propiedad desde la fecha de su celebración. Por tanto, dado que se trata de dos actos jurídicos idóneos para adquirir la propiedad, la única manera de determinar cuál de los dos debe prevalecer, es el primero en tiempo como principio general del derecho que es aplicable en términos del segundo párrafo del artículo 14 de la Constitución General. De manera que como el convenio se celebró ante la autoridad judicial que lo elevó a la categoría de cosa juzgada, previamente a la celebración de la compraventa, es indudable que es suficiente e idóneo para establecer que el deudor alimentario en aquel convenio enajenó el derecho de propiedad en favor de su hijo desde aquella fecha, y que debe prevalecer, aunque no se haya inscrito en el Registro Público de la Propiedad y del Comercio, frente a la celebración del contrato de compraventa.

Entonces el principio de protección a la buena fe registral debe ser matizado, y en esto, creo que los Tribunales Colegiados y la Suprema Corte han mostrado una línea jurisprudencial consistente para armonizar la interpretación de las normas civiles, por ejemplo, existe esta tesis que precisa o limita la buena fe registral:

Registro digital: 161933
Instancia: Tribunales Colegiados de Circuito
Novena Época
Materia(s): Civil
Tesis: I.8o.C.303 C
Fuente: Semanario Judicial de la Federación y su Gaceta. Tomo XXXIII, mayo de 2011, página 1318
Tipo: Aislada

VENTA DE COSA AJENA. PROTECCIÓN DE LOS TERCEROS ADQUIRENTES DE BUENA FE, NO ES ILIMITADA (Legislación del Distrito Federal).

Si se demostró que fue falsificado el poder con el que se ostentó el supuesto representante del dueño del bien materia de la controversia, quedando de manifiesto que la operación tuvo como origen la comisión de un hecho delictuoso que sirvió al supuesto representante para enajenar un bien que no era suyo, resultan aplicables los artículos 2269 y 2270 del Código Civil, en relación con lo dispuesto por el artículo 3009 del mismo ordenamiento, que establece lo siguiente: "El registro protege los derechos adquiridos por tercero de buena fe, una vez inscritos, aunque después se anule o resuelva el derecho del otorgante, excepto cuando la causa de la nulidad resulta claramente del mismo registro. Lo dispuesto en este artículo no se aplicará a los contratos gratuitos, ni a actos o contratos que se ejecuten u otorguen violando la ley.". En efecto, tratándose de la venta de cosa ajena la protección de la buena fe del tercero adquirente no es ilimitada, puesto que la ley protege los derechos adquiridos por tercero de buena fe, a condición de que no se trate de contratos gratuitos u otorgados con violación de la ley, y si bien dicha norma no aclara el alcance de la expresión "actos o contratos que se ejecuten u otorguen violando la ley", este tribunal considera que debe entenderse referida a las de interés público, como lo son las leyes penales, que miran directamente a la defensa del conglomerado social y están por encima del interés privado e incluso deben considerarse de mayor entidad que las que tienden a otorgar seguridad al tráfico inmobiliario. En este sentido, si en un caso la compraventa de un inmueble fue celebrada mediando la falsificación y uso de un documento falso, ya que el que se ostentó como representante del dueño exhibió una escritura de poder falsa, es de concluirse que el tercer adquirente no puede invocar en su favor la buena fe registral a que se refiere el artículo 3009 del Código Civil, sino que tal buena fe debe ceder ante el interés público que exige evitar que los delitos se agoten hasta sus últimas consecuencias, como sucedería si se permitiese convalidar la venta en las circunstancias apuntadas, por el solo efecto de la inscripción en el registro. Luego, si la anulación del derecho del otorgante se debió a la falsificación del poder del supuesto vendedor, es evidente que se está dentro del caso de excepción a que se refiere la última parte del precepto antes citado, ya que la falsificación pugna con el interés público y aun con la ley penal, según la cual un acto de esa naturaleza constituye un delito.

Como vemos, este apotegma jurídico cuenta con un sinfín de variables que, dependiendo del caso en concreto, hay que analizar si es procedente la aplicación del mismo. Para demostrar las contradicciones que se pueden dar, pongo a consideración las siguientes tesis, en la primera de carácter jurisprudencial, se aduce que el tercero adquirente de buena fe debe ser protegido, en tanto que, en la segunda, aunque es aislada, claramente señala que la nulidad alcanza incluso el tiraje de la escritura del tercero adquirente de buena fe, leamos:

Registro digital: 168370
Instancia: Tribunales Colegiados de Circuito
Novena Época
Materia(s): Civil

Tesis: VI.3o.C. J/70

Fuente: Semanario Judicial de la Federación y su Gaceta.

Tomo XXVIII, diciembre de 2008, página 824

Tipo: Jurisprudencia

COMPRAVENTA. NO ES NULA SI EL ADQUIRENTE ES DE BUENA FE Y ADEMÁS SU VENDEDOR APARECE COMO PROPIETARIO EN EL REGISTRO PÚBLICO DE LA PROPIEDAD Y DEL COMERCIO (LEGISLACIÓN DEL ESTADO DE PUEBLA).

Cuando no se demuestra que el comprador de un bien inmueble hubiera tenido conocimiento de que el mismo se vendió con anterioridad a una diversa persona, y la parte vendedora aparece en el Registro Público de la Propiedad y del Comercio como su legítima propietaria, es inconcuso que aquel tiene el carácter de tercero adquirente de buena fe, por lo que no puede declararse la nulidad del contrato de compraventa que celebró, dado que los artículos 2137 y 2138, fracción IV y 2992, fracción II, del Código Civil para el Estado de Puebla, protegen a los adquirentes de buena fe.

Registro digital: 166265

Instancia: Tribunales Colegiados de Circuito

Novena Época

Materia(s): Civil

Tesis: VI.2o.C.691 C

Fuente: Semanario Judicial de la Federación y su Gaceta.

Tomo XXX, septiembre de 2009, página 3187

Tipo: Aislada

TERCERO ADQUIRENTE DE BUENA FE. SI EL AMPARO SE CONCEDIÓ PARA QUE SE DEJE SIN EFECTOS TODO LO ACTUADO EN EL JUICIO, INCLUYENDO EL TIRAJE DE LA ESCRITURA A FAVOR DEL ACTOR, ELLO SIGNIFICA QUE EL CUMPLIMIENTO DE LA SENTENCIA IMPLICA DEJAR INSUBSISTENTE TAMBIÉN LA ESCRITURA DE COMPRAVENTA DEL INMUEBLE ADQUIRIDO POR AQUÉL.

Conforme al artículo 80 de la Ley de Amparo, si en un juicio de garantías se concede la protección constitucional para que se deje sin efectos todo lo actuado en un juicio, a partir del emplazamiento impugnado, hasta la sentencia definitiva y su ejecución, incluyendo el tiraje de la escritura pública que se ordenó se hiciera a favor del actor en el procedimiento natural, por lo que se ordenó la cancelación de dicha escritura en la notaría pública donde se otorgó, así como la cancelación de su inscripción en el Registro Público de la Propiedad; ello significa que el cumplimiento de la aludida sentencia implica dejar insubsistente también la escritura de compraventa por la que un tercero adquirió el inmueble materia del litigio; así como la cancelación de su inscripción en el Registro Público de la Propiedad, sin que sea óbice que sea adquirente de buena fe, así como tampoco el que la operación de transmisión del dominio se trate de un acto entre particulares, pues el mismo fue posible en virtud de un acto de autoridad declarado nulo como consecuencia del amparo concedido, estimar lo contrario implicaría hacer nugatoria la protección constitucional.

El tiempo entonces, no es el parámetro normativo que siempre prevalece a la hora de determinar un derecho o el alcance de una obligación.

"La justicia sobre la fuerza, es la impotencia, la fuerza sin justicia es tiranía". Blaise Pascal

CAPÍTULO 4

EL GÉNERO SE DEROGA POR LA ESPECIE

La naturaleza de las leyes (normas generales), los modos y tiempos verbales de su redacción (en futuro o presente indicativo), la estructura semántica y deontológica (los mandatos que contienen el ser y el deber ser) constituyen elementos de estudio de una asignatura que se denomina **Técnica legislativa.** Es importante porque en ella se analiza la composición de una norma, en parte que abordaremos en este capítulo.

Las normas respecto a su forma deben ser claras, gramaticalmente correctas, con puntuación y sintaxis correctas, con concordancia y estilo, ajenas a la retórica y con un contenido normativo específico, los principios o declaraciones llevan su propio apartado (exposición de motivos), deben ser concisas, preferentemente contener una regla por artículo, dotadas de un lenguaje o léxico técnico, explicando de forma glosaria las abreviaturas o siglas, utilizando géneros precisos (no utilizar masculinismos o feminismos inadecuados). (Sempé Minvielle, 1997)

No obstante lo anterior, redactar productos legislativos no es tan sencillo como pudiéramos pensar, el legislador no puede diseñar leyes de espaldas a la sociedad, debe pensar en las necesidades sociales de sus representados populares, que descansen o se vertebren en estudios demográficos, sociológicos, antropológicos, criminógenos, etc. Es por ello que en ocasiones encontramos normas generales que de suyo son complejas y otras que en su régimen de aplicación transitoria (vacatio legis) presentan ambigüedades, contradicciones, vacíos o hipótesis no previstas y es necesario acudir a la jurisprudencia o al intérprete de la norma para que mediante un ejercicio hermenéutico determine qué criterio debe prevalecer sobre determinada disposición.

Uno de los principios hermenéuticos fundamentales sobre las normas es que "la ley especial deroga la ley general" o sea, el género se deroga por la especie (la ley especial siempre se reputa derogatoria de la general), sin embargo, puede resultar que el articulado del régimen transitorio no haya previsto determinadas hipótesis normativas que luego la ley especial necesite volver a una ley general para aplicarse, a esto se le llama ultraactividad de la ley. En teoría, si una ley ya fue abrogada no debe ser aplicable en ningún sentido, pero se advierte que hay supuestos de hecho que requieren una transitoriedad para evitar la inseguridad jurídica (principio de legalidad) en los justiciables. Entonces ya el apotegma jurídico de que la ley especial deroga a la general se torna relativa y no absoluta, y me gustaría citar algunos ejemplos:

4.1 La coexistencia de la norma especial y la general

Hace poco el Congreso de los Estados Unidos Mexicanos aprobó y decretó la Ley de Industria Eléctrica, abrogando la Ley del Servicio Público de Energía Eléctrica, sin embargo, olvidaron incorporar algunas figuras administrativas como el articulado referente a las sanciones o multas (el esquema sancionatorio) por las infracciones cometidas en contravención a esta norma, de tal suerte que el sentido común nos llevaría a pensar que la única norma atendible y aplicable sería la norma especial, bueno, cuando este asunto llegó a la Suprema Corte de Justicia de la Nación se determinó que el esquema sancionatorio no puede ser aplicable, sin embargo, los derechos y obligaciones adquiridos y devenidos por los permisionarios en la anterior ley, deben seguir observándose. Cito la tesis jurisprudencial a la letra:

Registro digital: 2025356
Instancia: Segunda Sala
Undécima Época
Materia(s): Administrativa
Tesis: 2a./J. 50/2022 (11a.)
Fuente: Gaceta del Semanario Judicial de la Federación.
Libro 18, octubre de 2022, Tomo III, página 2428
Tipo: Jurisprudencia

ENERGÍA ELÉCTRICA. EL INCUMPLIMIENTO DE ENTREGAR LOS INFORMES TRIMESTRALES RESPECTIVOS DEBE SANCIONARSE CONFORME A LA LEY DE LA INDUSTRIA ELÉCTRICA, AUNQUE LOS PERMISOS HAYAN SIDO OTORGADOS CONFORME A LA ABROGADA LEY DEL SERVICIO PÚBLICO DE ENERGÍA ELÉCTRICA.

Hechos: Los Tribunales Colegiados de Circuito contendientes se pronunciaron de manera discrepante sobre si los artículos segundo y décimo transitorios de la Ley de la Industria Eléctrica otorgaron o no ultraactividad al apartado de multas de la abrogada Ley del Servicio Público de Energía Eléctrica.

Criterio jurídico: La Segunda Sala de la Suprema Corte de Justicia de la Nación determina que el fundamento para multar el incumplimiento de entrega de los informes trimestrales sobre operación de energía eléctrica es la Ley de la Industria Eléctrica, siempre que la omisión se actualice durante su vigencia y con independencia de que sean permisos obtenidos al amparo de la abrogada Ley del Servicio Público de Energía Eléctrica.

Justificación: Conforme con los artículos segundo y décimo transitorios de la Ley de la Industria Eléctrica, los permisos obtenidos durante la vigencia de la abrogada Ley del Servicio Público de Energía Eléctrica se respetarán en sus términos, de modo que sus titulares puedan continuar realizando las actividades amparadas en ellos con las condiciones de esta última. El objetivo de esa ultraactividad fue garantizar las inversiones realizadas por los particulares, de modo que se respetaran los derechos y las obligaciones que regulan la actividad, así como las condiciones bajo las cuales operaban los permisionarios. Sin embargo, el régimen transitorio no incluye a las multas que debe aplicar la autoridad, pues son normas jurídicas diferenciadas cuya modificación no adiciona derechos ni obligaciones al ejercicio de tales actividades por los permisionarios. Por tal razón, si las conductas que la autoridad pretende sancionar tienen lugar durante la vigencia de la Ley de la Industria Eléctrica, se debe aplicar la multa contenida en esta ley.

A mayor abundamiento, existen materias jurídicas en las que de forma simultánea pueden aplicarse las disposiciones de las leyes especiales y las generales, por ejemplo, en materia de propiedad intelectual e industrial hace tiempo el Tercer Tribunal Colegiado del Primer Circuito analizó la aplicabilidad de las normas especiales sobre las medidas cautelares de aseguramiento que no estaban previstas en la norma general (Código Federal de Procedimientos Civiles), pero sí en otra legislación, entonces concluyó y determinó que puede coexistir la aplicación de ambas normas con la finalidad de alcanzar un mayor ratio protector. Veamos la tesis:

Registro digital: 171713
Instancia: Tribunales Colegiados de Circuito
Novena Época
Materia(s): Civil
Tesis: I.3o.C.632 C

Fuente: Semanario Judicial de la Federación y su Gaceta. Tomo XXVI, agosto de 2007, página 1724

Tipo: Aislada

MEDIDAS CAUTELARES DE ASEGURA-MIENTO. PUEDEN SOLICITARSE TODAS AQUE-LLAS QUE TIENDAN A MANTENER LA SITUA-CIÓN DE HECHO EXISTENTE, INCLUYENDO LAS PREVISTAS EN LEYES ESPECIALES COMO LA LEY DE LA PROPIEDAD INDUSTRIAL (CÓ-DIGO FEDERAL DE PROCEDIMIENTOS CIVI-LES).

Al no existir en el Código Federal de Procedimientos Civiles un numerus clausus o criterio cerrado de las medidas de aseguramiento que pueden concederse, pues la inclusión de la suspensión de obra, ejecución de acto o celebración de contrato es enunciativa pero no limitativa, por sus especiales características y condicionamiento al pronto planteamiento de una demanda, es factible solicitar todas aquellas que tiendan a mantener la situación de hecho existente, siempre que exista una disposición legal del sistema mexicano, que las prevea expresamente, precisamente porque nadie debe soportar más molestias que aquellas derivadas de la aplicación de la ley, y desde luego, acorde a la naturaleza de la situación de hecho existente y la finalidad de la medida, que sea la idónea y pertinente. Por tanto, se incluyen las medidas que, en otras legislaciones, generales o especiales, puedan establecerse y que sirvan a ese propósito, como se desprende del artículo 399 del Código Federal de Procedimientos Civiles. De ese modo, es factible que medidas como las establecidas en la Ley de la Propiedad Industrial, encaminadas a conservar el estado de cosas prevaleciente, puedan ser solicitadas y concedidas en un procedimiento civil sustanciado conforme a la legislación adjetiva invocada, aunque, en todo caso, corresponderá al juzgador apreciar los elementos necesarios para el otorgamiento de las medidas, como el peligro en la demora (periculum in mora), y la apariencia o verosimilitud del derecho (fumus boni iuris), así como el hecho de que provengan de una legislación que tenga relación con la materia del litigio. Se trata, entonces, de la posibilidad de aplicar medidas de aseguramiento conducentes, lo que está en función de cada caso concreto, y será de acuerdo al mismo que se determinará su pertinencia o impertinencia.

De igual forma, puede darse otro fenómeno normativo sobre la aplicación de la ley especial, pudiera parecer de idéntico sentido que la coexistencia, pero no lo es, se trata de la supletoriedad, la cual se regula bajo diversos criterios hermenéuticos:

- La ley supletoria es de carácter subsidiaria y procede únicamente ante la insuficiencia de la ley principal, la ley especial en cambio se aplica a una o varias categorías de sujetos, hechos o actividades específicas, son de aplicación principal.

- Las leyes supletorias son de aplicación secundaria, las especiales de carácter principal.

Notemos la siguiente tesis:

Registro digital: 2013909

Instancia: Tribunales Colegiados de Circuito
Décima Época
Materia(s): Civil
Tesis: I.8o.C. J/3 (10a.)
Fuente: Gaceta del Semanario Judicial de la Federación.
Libro 40, marzo de 2017, Tomo IV, página 2437
Tipo: Jurisprudencia

LEYES ESPECIALES. SU DIFERENCIA CON LAS LEYES SUPLETORIAS.

A diferencia de las leyes supletorias, que son de carácter subsidiario y cuya aplicación procede únicamente ante la insuficiencia de la ley principal, las leyes especiales, o sea, las que se aplican sólo a una o varias categorías de sujetos, o a hechos, situaciones o actividades específicas, no sólo son de carácter principal, puesto que su aplicación no depende de insuficiencia alguna en relación con otro ordenamiento, sino que resultan de preferente aplicación frente a las leyes generales, atento al conocido principio relativo a que la ley especial se reputa derogatoria de la general.

Para ilustrar lo antes manifestado, tenemos la Ley Reglamentaria de los artículos 103 y 107 de la Constitución, o sea, la Ley de Amparo, que es una norma federal y reglamentaria y por ende especial, pero que a su vez tiene una norma general que la suple ante sus insuficiencias, como lo es el Código Federal de Procedimientos Civiles, obviamente aquí se da la supletoriedad y no la derogación, pero hermenéuticamente la norma general puede coexistir con la especial.

A contrario sensu, tenemos el caso de la Ley de Instituciones de Crédito (Ley de Instituciones de Crédito)(de carácter especial), cuyo artículo 78 prevé que: "En las convenciones mercantiles cada uno se obliga a la manera que aparezca que quiso obligarse, sin que la validez del acto comercial dependa de la observancia de formalidades o requisitos determinados", luego en los artículos 77 al 79 del Código de Comercio (Código de Comercio) encontramos lo siguiente:

CAPÍTULO II
De los Contratos Mercantiles en General

Artículo 77.- Las convenciones ilícitas no producen obligación ni acción, aunque recaigan sobre operaciones de comercio.

Artículo 78.- En las convenciones mercantiles cada uno se obliga en la manera y términos que aparezca que quiso obligarse, sin que la validez del acto comercial dependa de la observancia de formalidades o requisitos determinados.

Artículo 79.- Se exceptuarán de lo dispuesto en el artículo que precede:

I.- Los contratos que con arreglo a este Código u otras leyes, deban reducirse a escritura o requieran formas o solemnidades necesarias para su eficacia;

II.- Los contratos celebrados en país extranjero en que la ley exige escrituras, formas o solemnidades determinadas para su validez, aunque no las exija la ley mexicana.

En uno y otro caso, los contratos que no llenen las circunstancias respectivamente requeridas, no producirán obligación ni acción en juicio.

Es evidente que la norma especial no puede colocarse por encima de la norma general, la cual prevé que, ante la inexistencia de las circunstancias normativas, no se produce obligación ni acción en juicio. Posteriormente la jurisprudencia confirmó que los contratos mercantiles no pueden contrariar las leyes relativas buscando resolver en el sentido más equitativo. A esto se le denominó subsistencia por excepción.

Ahora bien, puede darse un fenómeno legislativo inverso, es decir, que una ley general posterior pretenda derogar una ley especial anterior, para esto el legislador debe ser específico (utilizar la derogación expresa), de lo contrario va a subsistir la disposición o norma especial y la general (coexistencia) en todo aquello que no se contraponga. Y quizá lo más complejo sea el caso de la derogación tácita que deviene cuando se aprueba y promulga una ley especial y no expone de forma clara que deja sin vigencia una ley general, a eso se le llama la derogación tácita. Veamos la siguiente tesis que lo expone:

Registro digital: 228635
Instancia: Tribunales Colegiados de Circuito
Octava Época
Materia(s): Administrativa, Común

Fuente: Semanario Judicial de la Federación.

Tomo III, Segunda Parte-1, enero-junio de 1989, página 445

Tipo: Aislada

LEYES ESPECIALES Y LEYES GENERALES. REGLAS PARA SU DEROGACION.

De acuerdo con el artículo 9o, del Código Civil para el Distrito Federal en materia común y para toda la República en Materia Federal, la reforma o derogación de una disposición normativa puede producirse en dos formas: expresamente, cuando una ley posterior claramente señala, declara o especifica que la ley anterior ha perdido vigencia; o tácitamente, cuando se produce una incompatibilidad o contradicción entre sus preceptos. Siendo esta la regla general, rige no obstante un principio distinto cuando la norma anterior es especial y la posterior es general, según reza un aforismo tradicional en derecho (lex posteriori, non derogat priori special) recogido por la Suprema Corte de Justicia de la Nación en repetidas ocasiones, conforme al cual una norma general posterior no deroga a una especial anterior, aunque en apariencia exista contradicción entre sus textos, a menos que el legislador manifieste expresamente su voluntad de dejar sin efectos la excepción para asimilarla a una regla general. Si la norma posterior es especial, la derogación en cambio puede ser tácita o expresa.

"Nunca olvides que todo lo que hizo Hitler en Alemania era legal". Autor anónimo

CAPÍTULO 5

LO QUE NO ESTÁ PROHIBIDO, ESTÁ PERMITIDO

En primer lugar, el hombre es y tiene derechos inherentes preexistentes a la existencia misma del Estado, una idea preconizada por el iusnaturalismo y que delimita el poder punitivo de este para regular su actividad legislativa. De igual forma, este apotegma jurídico que denominamos principio, en realidad constituye la vertiente de taxatividad del principio de legalidad y seguridad jurídica (y desde luego, derecho humano).

Para dimensionar lo anterior y como lo ha establecido la Corte Interamericana de Derechos Humanos, en un Estado de Derecho, "el principio de legalidad preside la actuación de todos los órganos del Estado en sus respectivas competencias. (Caso García Asto y Ramírez Rojas Vs. Perú. Excepción Preliminar, Fondo, Reparaciones y Costas. Sentencia de 25 de noviembre de 2005)

El principio de legalidad es la obligación de que todo acto de autoridad del Estado y de algunos particulares por equiparación, se encuentre fundado, motivado y justificado en el Derecho vigente. Ahora bien, todo acto o procedimiento jurídico debe sustentarse de forma estricta en una norma, la cual, a su vez, debe estar conforme a las disposiciones de forma y fondo de la Constitución y los Tratados Internacionales. (Yee Romo, 2023). Luego, hay que advertir que, si bien el principio de legalidad se localiza en los artículos 14 y 16 de la Constitución, al prever que todo acto de molestia y de autoridad se funde y motive en una Ley previa, la realidad es que a través del mismo cuerpo normativo supremo se dispersa o subdivide el principio de legalidad en otras vertientes. Por ejemplo, si pensamos en la materia penal, existe la vertiente de taxatividad (apegarse estrictamente a lo que está previsto en la Ley), esto se traduce en que la norma penal se aplique de forma exacta, es decir, debe ser puntual y precisa sobre la conducta objeto de prohibición, pero, además, el operador jurídico (Ministerio Público y Juez penal) debe observar sin hacer distinciones que la misma ley no contemple (donde la ley no distingue no hay por qué distinguir). De allí que mi planteamiento es que este apotegma jurídico, más bien debería invocarse como *"Lo que no está expresamente prohibido por la Ley, está permitido"*. Ahora, veamos como lo enuncia una tesis:

Registro digital: 2006867

Instancia: Primera Sala

Décima Época

Materia(s): Constitucional, Penal

Tesis: 1a./J. 54/2014 (10a.)

Fuente: Gaceta del Semanario Judicial de la Federación. Libro 8, julio de 2014, Tomo I, página 131

Tipo: Jurisprudencia

PRINCIPIO DE LEGALIDAD PENAL EN SU VERTIENTE DE TAXATIVIDAD. ANÁLISIS DEL CONTEXTO EN EL CUAL SE DESENVUELVEN LAS NORMAS PENALES, ASÍ COMO DE SUS POSIBLES DESTINATARIOS.

El artículo 14, de la Constitución Política de los Estados Unidos Mexicanos, consagra el derecho fundamental de exacta aplicación de la ley en materia penal al establecer que en los juicios del orden criminal queda prohibido imponer, por simple analogía y aun por mayoría de razón, pena alguna que no esté decretada por una ley exactamente aplicable al delito de que se trata. Este derecho fundamental no se limita a ordenar a la autoridad jurisdiccional que se abstenga de interpretar por simple analogía o mayoría de razón, sino que es extensivo al creador de la norma. En ese orden, al legislador le es exigible la emisión de normas claras, precisas y exactas respecto de la conducta reprochable, así como de la consecuencia jurídica por la comisión de un ilícito; esta descripción no es otra cosa que el tipo penal, el cual debe estar claramente formulado. Para determinar la tipicidad de una conducta, el intérprete debe tener en cuenta, como derivación del principio de legalidad, al de taxatividad o exigencia de un contenido concreto y unívoco en la labor de tipificación de la ley. Es decir, la descripción típica no debe ser de tal manera vaga, imprecisa, abierta o amplia, al grado de permitir la arbitrariedad en su aplicación. Así, el mandato de taxatividad supone la exigencia de que el grado de determinación de la conducta típica sea tal, que lo que es objeto de prohibición pueda ser conocido por el destinatario de la norma. Sin embargo, lo anterior no implica que, para salvaguardar el principio de exacta aplicación de la pena, el legislador deba definir cada vocablo o locución utilizada al redactar algún tipo penal, toda vez que ello tornaría imposible la función legislativa. Asimismo, a juicio de esta Primera Sala, es necesario señalar que en la aplicación del principio de taxatividad es imprescindible atender al contexto en el cual se desenvuelven las normas, así como sus posibles destinatarios. Es decir, la legislación debe ser precisa para quienes potencialmente pueden verse sujetos a ella. En este sentido, es posible que los tipos penales contengan conceptos jurídicos indeterminados, términos técnicos o vocablos propios de un sector o profesión, siempre y cuando los destinatarios de la norma tengan un conocimiento específico de las pautas de conducta que, por estimarse ilegítimas, se hallan prohibidas por el ordenamiento. El principio de taxatividad no exige que en una sociedad compleja, plural y altamente especializada como la de hoy en día, los tipos penales se configuren de tal manera que todos los gobernados tengan una comprensión absoluta de los mismos, específicamente tratándose de aquellos respecto de los cuales no pueden ser sujetos activos, ya que están dirigidos a cierto sector cuyas pautas de conducta son muy específicas, como ocurre con los tipos penales dirigidos a los miembros de las Fuerzas Armadas.

Aunque históricamente en el imaginario colectivo judicial se asocia la prohibición a la materia del Derecho Penal, es importante destacar que en otras materias permea el principio que comentamos y que por ejemplo, en la materia tributaria hay otra vertiente del principio de legalidad, que se denomina "vertiente de motivación legislativa", es decir, que consiste en el deber jurídico para el legislador de razonar en la exposición de motivos al emitir una ley, las bases justificativas de la misma (claro sin exigirle una justificación demasiado rigurosa o excesiva), es decir, las prohibiciones en la ley son de distinta naturaleza y atienden al caso particular de cada materia, veamos como lo prevé la siguiente tesis:

Registro digital: 2027637
Instancia: Tribunales Colegiados de Circuito
Undécima Época
Materia(s): Constitucional
Tesis: II.2o.A.16 A (11a.)
Fuente: Semanario Judicial de la Federación.
Tipo: Aislada

IMPUESTO A LA EMISIÓN DE GASES CONTAMINANTES A LA ATMÓSFERA. EL HECHO DE QUE EN EL PROCESO LEGISLATIVO QUE DIO ORIGEN AL ARTÍCULO 69 S BIS DEL CÓDIGO FINANCIERO DEL ESTADO DE MÉXICO Y MUNICIPIOS NO SE HAYA JUSTIFICADO LA INCLUSIÓN DE LA TABLA DE EQUIVALENCIAS QUE PREVÉ DICHO PRECEPTO PARA DETERMINAR EL PAGO DE AQUELLA CONTRIBUCIÓN, NI QUE SE APOYÓ EN EL PROTOCOLO DE KIOTO, NO VIOLA EL PRINCIPIO DE LEGALIDAD TRIBUTARIAEN SU VERTIENTE DE MOTIVACIÓN LEGISLATIVA.

Hechos: La parte quejosa promovió juicio de amparo indirecto contra la aprobación, expedición, promulgación y aplicación de los artículos 69 S a 69 S Series del Código Financiero del Estado de México y Municipios, adicionados

71

mediante decreto publicado en el Periódico Oficial local el 31 de enero de 2022, que regulan el impuesto a la emisión de gases contaminantes a la atmósfera, argumentando que violan el **principio de legalidad tributaria**, pues independientemente de que el legislador local pueda remitirse a otras fuentes, como al Protocolo de Kioto de la Convención Marco de las Naciones Unidas sobre el Cambio Climático, publicado en el Diario Oficial de la Federación el 24 de noviembre de 2000, para determinar el pago de la contribución, no justificó ni sustentó en la exposición de motivos la inclusión de la tabla de equivalencias contenida en el artículo 69 S Bis. El Juez de Distrito negó el amparo solicitado, por lo que se interpuso recurso de revisión.

Criterio jurídico: Este Tribunal Colegiado de Circuito establece que el hecho de que en el proceso legislativo que dio origen al artículo 69 S Bis del ordenamiento referido, no se haya justificado la inclusión de la tabla de equivalencias que prevé para determinar el pago del impuesto a la emisión de gases contaminantes a la atmósfera, ni que ésta se apoyó en el Protocolo de Kioto, no viola el **principio de legalidad tributaria** en su vertiente de motivación legislativa.

Justificación: Lo anterior, porque conforme a los precedentes de la Suprema Corte de Justicia de la Nación sobre el escrutinio laxo que debe realizarse a las leyes tributarias, se concluye que si bien el legislador local no expresó durante el proceso legislativo las razones o justificaciones por las cuales decidió incluir la tabla de equivalencias a que se refiere el artículo 69 S Bis reclamado (es decir, la conversión de toneladas de dióxido de carbono, metano y óxido nitroso, a CO_2 para efectos de establecer el pago del impuesto considerando la cuantía de la emisión contaminante), lo cierto es que ello no viola el principio de legalidad tributaria en su vertiente de motivación legislativa. Es así, pues no es necesario que se cumpla con una "motivación reforzada" en el sentido de que en la exposición de motivos o en los procesos legislativos correspondientes, se establezca una justificación o ponderación sobre la medida o mecánica de la contribución, pues basta que el legislador actúe dentro de los límites de las atribuciones que la Constitución le confiere (fundamentación), y cuando las leyes que emite se refieren a relaciones sociales que reclaman ser jurídicamente reguladas (motivación), lo cual se cumplió en el caso concreto. Así, la medida adoptada por el legislador es adecuada y razonable para cumplir con la finalidad que se persigue y mínimamente proporcional, pues al gravar la emisión de gases contaminantes, específicamente el dióxido de carbono, metano y óxido nitroso, que provengan de fuentes fijas, se pretendió adoptar una medida tendiente a combatir o mitigar el cambio climático, apoyándose para establecer la mecánica tributaria, en instrumentos adecuados para lograr una reducción de dichos gases contaminantes, como lo es el Protocolo de Kioto; de ahí que esa ausencia de justificación pormenorizada respecto a su empleo en la referida tabla de equivalencias, no conlleva la inconstitucionalidad del tributo impugnado.

En el amparo directo en revisión 1499/2018, la Suprema Corte de Justicia de la Nación, en la ponencia del ministro Alberto Pérez Dayán, hizo una reflexión interesante sobre el principio de legalidad (SCJN, 2023) al manifestar:

73

"La teleología del principio de legalidad es encontrar un mecanismo útil y seguro, un sistema que conduzca a generar condiciones de justicia social y hacia el bien común".

De igual forma, en la referida resolución la Suprema Corte analizó el principio de legalidad a la luz de toda la doctrina Constitucional que ha desarrollado sobre el particular y al tenor del Art. 9 de la Convención Americana de Derechos Humanos y expresó:

El citado principio se encuentra consagrado como derecho fundamental en los artículos 14, párrafo tercero, de la Constitución Federal y 9 de la Convención Americana sobre Derechos Humanos. Del contenido de tales numerales se desprende la tutela de las garantías que responden al conocido apotegma *"nullum crimen sine poena, nullum poena sine lege certa"*, que sintetiza la idea de que no puede haber delito sin pena, ni pena sin ley específica y concreta aplicable al hecho de que se trate.

De ahí deriva la importancia que la dogmática jurídico-penal asigna al elemento del delito llamado tipicidad o taxatividad, que alude a la necesidad de que la ley consagre plenamente los componentes de una hipótesis delictiva, de forma que, una vez acontecidos los hechos presuntamente constitutivos de delito, exista una correspondencia exacta entre lo dicho por la legislación y un hecho concreto acontecido y probado en el mundo fáctico.

Entonces, el principio denominado "lo que no está prohibido, está permitido" en realidad es una sola vertiente del principio de legalidad y tiene como contrapartida el estudio de los componentes de la norma que crean la conducta objeto de la prohibición. Asimismo, el principio de legalidad además de la vertiente ya dicha de *taxatividad*, tiene la de *motivación legislativa, no retroactividad* y *reserva de ley, a las cuales también se les denomina subprincipios de legalidad.*

En las acciones de inconstitucionalidad 13/2016 y su acumulada 14/2016, la Suprema Corte deposita varios argumentos brillantes sobre el principio de legalidad y cómo se debe observar y aplicar por parte de los legisladores locales y federales, así como los poderes ejecutivos locales y los organismos constitucionales autónomos. Ambas acciones me parecen de lectura obligada sobre el tema.

"Tengo un sueño, soñar con la libertad, soñar con la justicia, soñar con la igualdad y ojalá ya no tuviera necesidad de soñarlas".

Marthin Luther King

CAPÍTULO 6

EL QUE AFIRMA ESTÁ OBLIGADO A PROBAR

Este es un principio que tiene raíces desde el Derecho romano, su nombre original en latín es *affirmanti incumbit probatio,* es decir, a quien afirma, incumbe la prueba. Asimismo, en la doctrina del Derecho probatorio, se le denomina Onus probandi, mejor conocido como la carga de la prueba. En todas las legislaciones procesales en el orden jurídico mexicano existe una disposición respecto a la carga de la prueba. (Jurídicas, 2004) Cada disciplina jurídica tiene sus problemas probatorios, pero grosso modo, en la etapa preliminar o expositiva, las partes anuncian u ofrecen sus pruebas sobre los hechos que postulan en sus demandas. De tal suerte, podemos decir que existe una estructura que obedece a la siguiente dinámica:

- Ofrecimiento de la prueba, que debe darse en la interposición de la demanda o la contestación, y/o reconvención o su contestación (incluyendo desahogo de vistas).

- Admisión de la prueba, es un momento procesal donde el juzgador resuelve respecto a cuáles pruebas reúnen los requisitos legales y de idoneidad para ser admitidas.

- Preparación de la prueba, es toda actividad encaminada a tener listos los medios de convicción para su desahogo en la audiencia.

- Desahogo de la prueba, es la recepción a través de la inmediación de las pruebas ante la sede judicial.

- Valoración de la prueba, se da al momento de razonar, fundar y motivar la sentencia del caso.

Hablar de la actividad probatoria, es reconocer que la prueba tiene por objeto llevar al conocimiento del juzgador la realidad de la existencia de los hechos en que se fundan las pretensiones de las partes para obtener la declaración o resolución correspondiente en la sentencia que al efecto se dicte. Así que es necesario que las pruebas o medios de convicción que se aporten en un litigio tiendan a demostrar los elementos constitutivos de la acción o de las excepciones o defensas.

De lo anterior, se desprende que, en el universo de la impartición de justicia, es un arte "decir y contradecir para probar". (McCadden M. & Orozco Garibay, 2019) Esto porque la búsqueda de una verdad, más allá de la verdad procesal, es sumamente compleja. Podría decirse que un litigio en ocasiones es un laberinto de contradicciones cuya única salida es el estudio profundo de las constancias u órganos de prueba desahogados en sede judicial.

Dice Michelle Taruffo que los juicios no son ni pueden ser empresas científicas, toda vez que no existen verdades absolutas, sino relativas. (Taruffo). No obstante, existe el consenso de que los hechos argumentados por las partes en la controversia judicial son la materia toral de la actividad probatoria de las partes. A pesar de lo anterior, existen 2 excepciones en los que la carga probatoria no solamente debe dirigirse o descansar en los hechos: 1) el Derecho cuando se funde en leyes o jurisprudencia extranjeras y 2) cuando se invoquen normas de usos y costumbres (sistemas normativos de los pueblos originarios).

6.1 Cómo probar el Derecho o la jurisprudencia extranjeros

Dentro de un litigio que contiene elementos de Derecho Internacional Privado, pueden incidir normas extranjeras, las cuales deben ser acreditadas dentro del proceso judicial. Obviamente que no se va a exhibir literal el Código o legislación impresa del país de origen de la norma, pero puede solicitarse que en vía de informe se gire oficio a la Secretaría de Relaciones Exteriores para que en auxilio del tribunal se pueda conocer con exactitud la norma extranjera, aun así, la parte material en el juicio debe probar la forma en que se adecua al hecho materia de la litis, véase la siguiente tesis:

Registro digital: 242067
Instancia: Tercera Sala
Séptima Época
Materia(s): Civil

Fuente: Semanario Judicial de la Federación.

Volumen 39, Cuarta Parte, página 39

Tipo: Aislada

LEYES EXTRANJERAS. FORMA DE PROBAR- LAS.

El que funde su derecho en leyes extranjeras, debe probar la existencia de estas y que son aplicables al caso; pero esto no quiere decir que la comprobación de la existencia de la ley extranjera debe hacerse, necesariamente, mediante la exhibición del código o del ejemplar que la contenga, sino que basta que se compruebe, de modo auténtico, el texto de la ley en que se apoya el derecho controvertido, y es incuestionable que se comprueba de modo auténtico la existencia de la ley extranjera con el informe que sobre el particular rinda la Secretaría de Relaciones Exteriores; pero también debe comprobarse, además de la existencia de la ley, que esta es aplicable al caso, y si para ello sólo se aducen como pruebas las informaciones de la legación del país de cuya ley se trata y del consulado del mismo en México, tales informes no podrán ser considerados, sino como una opinión, sin duda respetable, pero no con valor probatorio indudable.

Por una ficción jurídica, el derecho extranjero se equipara a los hechos cuestionados que deben ser probados, leamos la siguiente tesis:

Registro digital: 2004211

Instancia: Tribunales Colegiados de Circuito

Décima Época

Materia(s): Civil

Tesis: I.5o.C.40 C (10a.)

Fuente: Semanario Judicial de la Federación y su Gaceta.

Libro XXIII, agosto de 2013, Tomo 3, página 1636

Tipo: Aislada

DERECHO EXTRANJERO. PROBLEMAS QUE SE GENERAN PARA SU APLICACIÓN EN UN CASO CONCRETO.

En la aplicación del derecho extranjero se suscitan serias dificultades, pues se trata de un derecho extraño o ajeno al foro nacional, cuyo contenido y alcance deben determinarse conforme a las disposiciones que regulen el procedimiento jurisdiccional, en el que se presenta la necesidad de analizar una normativa foránea; de ahí que, de suyo, su interpretación y aplicación genere problemas que no se presentan con el derecho nacional. Las normas de conflicto que se encuentran en el derecho local deben aplicarse de oficio, pues a su respecto rige el principio iura novit curia; esto es, que el juzgador conoce el derecho, lo que se acota en función del que le es dable conocer. Por tanto, la aplicación de oficio de la norma de conflicto implica que el Juez deberá aplicar la ley a la que remite esa norma, precisamente conforme al principio de referencia. Pero si la aplicable es una normativa extranjera no puede exigirse al juzgador su conocimiento estricto sobre dicho derecho, pues no es razonable exigir a los Jueces y tribunales de un Estado el conocimiento de todos los ordenamientos jurídicos. Los Jueces mexicanos no son, motu proprio, órganos aplicadores de las leyes extranjeras y, por ende, el derecho extranjero no puede ocupar la misma posición procesal que el derecho nacional, lo que ha conducido a equiparar el tratamiento de aquel derecho al que corresponde a los hechos cuestionados. Tal equiparación equivale a exigir alegación y prueba del derecho extranjero, con sus implicaciones propias, como requisitos normativamente previstos para su análisis.

Ahora bien, respecto a la jurisprudencia de antemano sabemos que es la interpretación en estado puro de las normas, es como dice Ricardo Guastini, la jurisprudencia es *una norma inexpresa construida por los intérpretes*. (Guastini, 2021) *Este proceso creativo de la norma* tiene su propio órgano de difusión autorizado en el Estado mexicano, la Gaceta del Semario Judicial de la Federación, creado por decreto presidencial del Lic. Benito Pablo Juárez García, y que desde el 08 de diciembre de 1870 se publica en los Estados Unidos Mexicanos. (SCJN C. d., 2018). O sea, tenemos 153 años produciendo jurisprudencia como sistema jurídico, sin embargo, en el contexto internacional, cada país tiene su propio sistema para construir su jurisprudencia, no tendríamos por qué esperar que se estructure o produzca o interrumpa de la misma forma que la nuestra. Así que, de alguna forma, es correcto que se obligue a las partes como carga probatoria acreditar la jurisprudencia extranjera, leamos la siguiente tesis:

Registro digital: 225927
Instancia: Tribunales Colegiados de Circuito
Octava Época
Materia(s): Civil

Fuente: Semanario Judicial de la Federación.

Tomo V, Segunda Parte-1, enero-junio de 1990, página 357

Tipo: Aislada

PRUEBA, APERTURA INNECESARIA DEL JUICIO A, CUANDO VERSA SOBRE PUNTOS DE DERECHO QUE NO SE FUNDAN EN USOS, COSTUMBRES, LEYES O JURISPRUDENCIA EXTRANJERAS.

Es inexacto que la solicitud de que se abra el juicio a prueba hecha por cualquiera de las partes, obligue al juzgador a proveer de conformidad tal petición; en virtud de que los artículos 276 y 284 del Código de Procedimientos Civiles para el Distrito Federal respectivamente, previenen que si las cuestiones controvertidas fueren puramente de derecho y no de hecho se citará a la audiencia de alegatos, y que sólo los hechos están sujetos a prueba y el derecho únicamente cuando se funde en usos o costumbres, o se apoye en leyes o jurisprudencia extranjeras. Consecuentemente, cuando únicamente versa la litis del juicio sobre puntos de derecho, y éstos no se encuentran fundados en usos, costumbres, leyes o jurisprudencia extranjeras, es correcta la determinación de no abrir el juicio a prueba, pues carece de objeto que se aportaran en el medio de convicción extraños a la litis, que en términos de lo dispuesto por el numeral 285 del código en cita, no podrían ser admitidos por el tribunal del conocimiento del negocio.

6.2 Cómo probar los usos y costumbres

En el derecho procesal electoral encontramos una prueba específica y que aplica para adquirir un conocimiento cierto sobre los usos y costumbres de los pueblos originarios, la naturaleza de los mismos y la forma en que inciden en el día a día de sus miembros, me refiero al *peritaje antropológico*.

En la sentencia del juicio para la Protección de los derechos político-electorales JDC44/2020, dictada por la Sala Xalapa del Tribunal Electoral del Poder Judicial de la Federación, se interpuso el recurso de reconsideración ante la Sala Superior del citado Tribunal Electoral, registrado como SUP-REC-68/2020, donde se resolvió y proveyó de forma incidental las diligencias para mejor proveer a fin de requerirle al Centro de Investigaciones y Estudios Superiores en Antropología Social (CIESAS por sus siglas) la elaboración del dictamen antropológico para conocer la realidad antropológica y determinar si los usos y costumbres inciden en el proceso electivo del pueblo originario.

Por tanto, la forma correcta de probar un uso y costumbre es a través de la mencionada pericial. De hecho, existe un Protocolo idóneo para juzgar con esa perspectiva multicultural emitido por la SCJN, y a mi parecer las normas culturales que rigen los usos y las costumbres deben atender al dictamen señalado, porque solo así se garantiza acceso en condiciones de igualdad ante la ley a las personas que forman parte de los pueblos originarios. La siguiente tesis lo ilustra:

Registro digital: 2018748

Instancia: Primera Sala

Décima Época

Materia(s): Constitucional

Tesis: 1a. CCXCVIII/2018 (10a.)

Fuente: Gaceta del Semanario Judicial de la Federación.
Libro 61, diciembre de 2018, Tomo I, página 366
Tipo: Aislada

PERSONAS INDÍGENAS. DERECHO APLICABLE CUANDO INTERVIENEN EN UN PROCESO JUDICIAL.

De acuerdo con el principio interpretativo pro persona, las normas de derecho consuetudinario indígena podrían resultar aplicables en casos concretos, incluso, tramitados en la jurisdicción del Estado central, cuando prevean la protección más amplia para cierto derecho, siempre y cuando, como lo establece claramente la Constitución Política de los Estados Unidos Mexicanos, no la contravengan y se respete la protección y garantía de los derechos humanos. Para que esto sea posible, es necesario documentar con un **peritaje antropológico**, o con cualquier otro medio lícito, la cultura de las personas, pueblos o comunidades involucrados; la forma en que se gobiernan; las normas que les rigen; las instituciones que les sustentan, los valores que suscriben, la lengua que hablan y el significado, para ellos, de las conductas y derechos materia del juicio respectivo. Por tanto, la autoridad judicial deberá adoptar, dentro del marco constitucional de protección, respeto y garantía de los derechos humanos, una perspectiva que fomente el diálogo entre sistemas normativos, acepte la multiculturalidad como una realidad en México y garantice el acceso a la justicia en condiciones de igualdad y autonomía de las personas, pueblos y comunidades indígenas, sin imponer arbitrariamente una visión determinada del mundo que atente contra la igualdad entre las culturas y la diversidad étnica. Ahora bien, las normas del derecho consuetudinario indígena estarán, en todo tiempo, sujetas, tal como el resto de las disposiciones que integran nuestro régimen jurídico, a examen constitucional, convencional y legal para decidir sobre su pertinencia y aplicabilidad en casos concretos, dentro del necesario diálogo intercultural para definir el significado y contenido de los derechos. La mera existencia de una norma de usos y costumbres no implica su aplicabilidad inmediata, pues es posible que el reconocimiento de ciertos usos y prácticas culturales de las personas, pueblos y comunidades indígenas afecte los derechos humanos de quienes componen la comunidad indígena o de quienes se relacionan con ella. Luego, los conflictos de normas y derechos que surgieran a propósito de la vigencia y aplicabilidad de una norma de derecho consuetudinario indígena deberán resolverse, en cada caso concreto, mediante los principios y métodos constitucional y legalmente admisibles, dentro de estándares mínimos de tolerancia, que cubran los diferentes sistemas de valores, esto para lograr el consenso mínimo necesario para la convivencia entre las distintas culturas, sin que ello implique renunciar a los presupuestos esenciales que marcan la identidad de cada una, esto es, debe adoptarse una perspectiva intercultural.

6.3 La reversión de la carga de la prueba

En este subtema encontramos la excepcionalidad al principio de que quién afirma tiene el deber de probar su dicho, se trata de la figura de la reversión de la carga probatoria.

La reversión opera de distintas formas según la materia de la que tratemos, pero la esencia de la misma radica en que se sustenta en determinadas presunciones legales y humanas que la justifican.

Por ejemplo, en la materia familiar recientemente se dictó una tesis jurisprudencial por reiteración respecto a la pensión compensatoria bajo el argumento de que la reversión de la carga de la prueba se da con base en *la desigualdad estructural*, leamos la tesis:

Registro digital: 2026170
Instancia: Tribunales Colegiados de Circuito
Undécima Época
Materia(s): Civil
Tesis: VII.2o.C. J/2 C (11a.)
Fuente: Gaceta del Semanario Judicial de la Federación. Libro 23, marzo de 2023, Tomo IV, página 3542
Tipo: Jurisprudencia

PENSIÓN COMPENSATORIA. LA MUJER QUE DEMANDA SU PAGO CON EL ARGUMENTO DE QUE SE DEDICÓ PREPONDERANTEMENTE AL TRABAJO DEL HOGAR Y AL CUIDADO Y EDUCACIÓN DE SUS HIJOS, CON PERSPECTIVA DE GÉNERO, REVIERTE LA CARGA DE LA PRUEBA AL DEUDOR ALIMENTARIO.

Hechos: Una mujer demandó de su concubino el pago de alimentos con el argumento de haberse dedicado durante su relación familiar a las labores del hogar y al cuidado de sus hijas. Por su parte, la persona demandada fundó su defensa en que la relación concubinaria había finalizado. Seguido el proceso la autoridad jurisdiccional determinó condenar al pago de una pensión compensatoria por el tiempo de duración del concubinato, al considerar que el demandado no había justificado que su contraparte obtuviera ingresos ni desvirtuado su dedicación a las actividades domésticas y de cuidado de sus hijas.

Criterio jurídico: Este Tribunal Colegiado de Circuito determina que la mujer que demanda el pago de una pensión compensatoria con el argumento de que se dedicó preponderantemente al trabajo del hogar, y al cuidado y educación de sus hijos, con perspectiva de género, revierte la carga de la prueba al deudor alimentario.

Justificación: Lo anterior, porque el reconocimiento de los derechos de la mujer a una vida libre de violencia y discriminación, y de acceso a la justicia en condiciones de igualdad, exige que todos los órganos jurisdiccionales del país impartan justicia con perspectiva de género. En ese sentido, la mujer que se dedica a las labores domésticas y a la crianza de los hijos durante la relación, debe ser objeto de una protección reforzada por parte del Estado, pues la ruptura de esta impide su acceso a un nivel de vida adecuado, cuando no pudo hacerse de una independencia económica por asumir el cuidado del hogar. Ahora bien, cuando la mujer demanda el pago de una pensión argumentando que se dedicó preponderantemente al trabajo del hogar, y al cuidado y educación de sus hijos, se presume que esa argumentación es cierta, ya que, en México por la permanencia de roles de género, la mayoría de las mujeres se dedican principalmente a los quehaceres propios del hogar, así como al cuidado y educación de los hijos. De manera que corresponde al deudor alimentario demostrar que su pareja no desempeñó durante el tiempo que duró la relación dichas actividades domésticas y de cuidado de los hijos, así como que está en condiciones de satisfacer sus necesidades alimentarias, para que proceda su pretensión. Lo anterior es así, pues aplicar la herramienta de perspectiva de género implica revertir la carga de la prueba al deudor, a fin de que desvirtúe lo aseverado por la actora, cuando su necesidad alimentaria se sustente en hechos negativos; de ahí que esta determinación coloca a las partes en la misma posición para acreditar la procedencia de una pensión compensatoria, ya que corresponde al demandado probar que ésta no prospera, dada la desigualdad estructural que sufre la mujer ama de casa al momento del divorcio.

En materia penal, por ejemplo, la reversión de la carga probatoria no puede tener lugar, aunque el relato defensivo sea imperfecto o deficiente, incluso si la actividad probatoria es nula no se produce la reversión, eso no impide que la defensa pueda desvirtuar la hipótesis acusatoria, leamos la siguiente tesis:

Registro digital: 2013273
Instancia: Tribunales Colegiados de Circuito
Décima Época
Materia(s): Penal
Tesis: V.1o.P.A.2 P (10a.)
Fuente: Gaceta del Semanario Judicial de la Federación.
Libro 37, diciembre de 2016, Tomo II, página 1862
Tipo: Aislada

SISTEMA PROCESAL PENAL ACUSATORIO Y ORAL. PARA VINCULAR A PROCESO AL IMPUTADO, CORRESPONDE AL MINISTERIO PÚBLICO LA CARGA DE ESTABLECER EL HECHO QUE LA LEY SEÑALA COMO DELITO Y LA PROBABILIDAD DE QUE AQUÉL LO COMETIÓ O PARTICIPÓ EN SU COMISIÓN, AUN CUANDO SU RELATO DEFENSIVO SEA IMPERFECTO Y CAREZCA DE RESPALDO PROBATORIO PLENO.

Conforme a los artículos 19, párrafo primero, de la Constitución Política de los Estados Unidos Mexicanos y 316 del Código Nacional de Procedimientos Penales, para vincular a proceso a un imputado no se requieren pruebas plenas que demuestren más allá de toda duda razonable la existencia de un hecho que la ley señale como delito, así como que la persona implicada lo cometió o participó en su comisión, como sí sería necesario al dictar la sentencia definitiva en la etapa de juicio, según lo prevé el artículo 402, párrafo tercero, del código procesal citado. Sin embargo, ello no revierte la carga probatoria que corresponde a la parte acusadora, conforme al artículo 20, apartado A, fracciones V y X, de la Constitución Federal, aun cuando el relato defensivo del imputado sea imperfecto y carezca de respaldo probatorio pleno; esto es, en el sistema procesal penal acusatorio y oral, corresponde al Ministerio Público la carga de establecer, a título de probable al solicitar la vinculación a proceso, o de demostrar a título pleno al formular la acusación, los aspectos inherentes al hecho delictivo, así como a la participación de la persona implicada en su comisión. Mientras que, si el imputado decide ejercer su derecho constitucional a declarar, no tiene por qué probar a plenitud aspecto alguno. Exigir lo contrario, esto es, que el imputado al declarar emita un relato perfecto, que demuestre a plenitud su inocencia, implicaría tanto como soslayar el principio de presunción de inocencia, tutelado en el artículo 20, apartado B, fracción I, constitucional y revertir ilegalmente la carga de la prueba que, se reitera, corresponde al representante social.

En la materia civil y mercantil, la reversión de la carga probatoria es diferente (tiene un presupuesto lógico inverso que a su vez estatuye: el que niega tiene la obligación de probar), atendiendo a la naturaleza de los actos jurídicos y hechos que se pretenden probar, considerando que es una materia de estricto derecho, es decir, no existe la suplencia de la queja (maticemos las diligencias para mejor proveer, que no son ni deben ser una forma de perfeccionar las aportadas deficientemente por las partes en el juicio), veamos la siguiente tesis:

Registro digital: 2009689
Instancia: Tribunales Colegiados de Circuito
Décima Época
Materia(s): Civil
Tesis: III.2o.C. J/2 (10a.)
Fuente: Gaceta del Semanario Judicial de la Federación.
Libro 21, agosto de 2015, Tomo II, página 1998
Tipo: Jurisprudencia

PAGARÉ. CUANDO NO SE COMPRUEBA SI LA ALTERACIÓN SE ASENTÓ ANTES O DESPUÉS DE FIRMADO EL DOCUMENTO LA CARGA DE LA PRUEBA CORRESPONDE AL TENEDOR DEL TÍTULO DE CRÉDITO Y NO AL DEMANDADO (ARTÍCULO 13 DE LA LEY GENERAL RELATIVA).

En términos del artículo 1196 del Código de Comercio, el que niega está obligado a probar, cuando al hacerlo desconozca la presunción que en su favor tiene su colitigante. Ahora bien, si en un juicio ejecutivo mercantil el demandado opone la excepción de alteración del texto de un pagaré, en lo que atañe al rubro de intereses pactados, y demuestra que el porcentaje respectivo se asentó con una tinta diversa al resto del documento, ello evidencia una alteración por adición; empero, si no se determina si el porcentaje respectivo se incorporó con posterioridad a la suscripción de aquél, por falta de prueba idónea, es claro que no hay manera de determinar si ese dato se consignó con anterioridad o posterioridad a la fecha en que se llenó el documento y, por ende, si el único hecho que se demuestra, es que el porcentaje consignado por concepto de intereses aparece con letra y tinta diferentes, como consecuencia de ello se entiende que este requisito se asentó en un momento distinto al resto de los datos del pagaré, incluyendo la firma del obligado. Ante ello, debe atenderse al artículo 13 de la Ley General de Títulos y Operaciones de Crédito, que establece la presunción legal en cuanto a que si no se puede comprobar que una firma ha sido puesta antes o después de la alteración, se presume que lo fue antes y, en ese contexto, demostrada la alteración, se presume que la firma del documento fue anterior a aquélla y, por tal motivo, se revierte al tenedor del documento o a quien quiera beneficiarse con su alteración, la cargade probar cuál era el texto del documento antes de su firma.

Las diligencias para mejor proveer son otra excepcionalidad al principio en comentario y que se sustentan en la aspiración de conocer la verdad histórica de un determinado hecho o acto jurídico y en la facultad de dirección procesal concedida al titular del órgano jurisdiccional competente, pero, aun así, tiene sus limitantes y no puede constituir un medio para perfeccionar las pruebas de las partes como ya se refería en renglones supra. Aquí una tesis en apoyo de mi argumento:

Registro digital: 2001025
Instancia: Tribunales Colegiados de Circuito
Décima Época
Materia(s): Civil
Tesis: VIII.A.C.1 C (10a.)
Fuente: Semanario Judicial de la Federación y su Gaceta.
Libro IX, junio de 2012, Tomo 2, página 901
Tipo: Aislada

PRUEBAS EN EL JUICIO ORDINARIO CIVIL. LA FACULTAD DEL JUEZ DE PRACTICAR DILIGENCIAS PARA MEJOR PROVEER, NO DEBE INTERPRETARSE EN EL SENTIDO DE QUE DEBA ALLEGARSE DE AQUELLAS QUE ACREDITEN LOS PRESUPUESTOS DE LA ACCIÓN O EXCEPCIÓN O DE PERFECCIONAR LAS APORTADAS DEFICIENTEMENTE PARA ESE EFECTO (LEGISLACIÓN DEL ESTADO DE COAHUILA).

De la interpretación armónica de los artículos 384, fracción VII, 385, fracción II, 395, fracción V, 396, fracción II, 417, primer párrafo, 423, 424, 425, 427 y 455 del Código Procesal Civil para el Estado de Coahuila, se advierte que en los juicios que regula este ordenamiento adjetivo, corresponde al actor probar los hechos constitutivos de su acción y al demandado sus excepciones; esto es, la parte interesada en demostrar un punto de hecho debe aportar la prueba conducente, gestionar su preparación y desahogo, pues en ella recae tal carga procesal, sin que sea óbice lo dispuesto en su artículo 424, en el sentido de que el Juez está facultado, entre otras cuestiones, para valerse de cualquier cosa o documento, ya sea que pertenezca a las partes o a un tercero, sin más limitación que la de que las pruebas no estén prohibidas; decretar en todo tiempo, sea cual fuere la naturaleza del negocio, la práctica o ampliación de cualquier diligencia probatoria, siempre que sea conducente para el conocimiento de la verdad sobre los puntos cuestionados, así como, examinar documentos, objetos y lugares, o los hará reconocer por peritos y, en general, practicar cualquier diligencia que, a su juicio, sea necesaria para el esclarecimiento de la verdad. Lo anterior, pues la facultad de practicar diligencias para mejor proveer contenida en los citados preceptos legales, debe entenderse como la potestad de la que se encuentra investido el Juez para ampliar las diligencias probatorias previamente ofrecidas por las partes y desahogadas durante el proceso, cuando considere que existen situaciones dudosas, imprecisas o insuficientes en tales probanzas, por lo que tales ampliaciones resultan indispensables para el conocimiento de la verdad sobre los puntos en litigio. De ahí que, la facultad de ordenar la práctica de las referidas diligencias no entraña una obligación, sino una potestad para los Jueces, de la que pueden hacer uso libremente, sin llegar al extremo de suplir a las partes en el ofrecimiento de pruebas que les corresponda aportar, ya que de otra forma, se rompería el principio de equilibrio procesal e igualdad de las partes que debe observarse en todo litigio, pues no debe perderse de vista que se está en un asunto en el que prevalece el principio de estricto derecho. Es decir, tal facultad no puede entenderse en el sentido de eximir a las partes de su obligación de preparar y exhibir las pruebas documentales vía informe que ofrezcan a fin de demostrar su acción o excepción, ni de perfeccionar las aportadas deficientemente para ese efecto, sino que se refiere a que pueden solicitar la exhibición de cualquier prueba considerada necesaria para la correcta resolución de la cuestión planteada.

Por todas las consideraciones antes enunciadas, es evidente que el principio: "Quien afirma tiene la carga de la prueba", también participa de singularidades en el sistema jurídico mexicano.

"No se puede matar la verdad. No se puede matar la justicia. No se puede matar aquello por lo que luchamos".

Jean Dominique, activista haitiano

CAPÍTULO 7

NON BIS IN IDEM

Este ente de razón o principio es uno de los más citados en el sistema jurídico mexicano, quizá de los más estudiados o analizados por la Suprema Corte de Justicia de la Nación y se utiliza como objeto de ejemplificación en la academia. Se sitúa en el Art. 23 de la Constitución mexicana.

En primer término, debemos aclarar que el aforismo latino significa literalmente: "No dos veces hacia la misma cosa", de ahí que su definición como concepto jurídico sería **la prohibición de doble enjuiciamiento.** Por lo general se comete el error de enunciarlo como "nadie puede ser juzgado dos veces por el mismo delito", lo cual evidentemente es falso, claro que una persona sí puede ser juzgada dos veces por el mismo delito, o hasta más. La prohibición es que *nadie puede ser juzgado dos veces por el mismo hecho ilícito.* Es una concepción diametralmente opuesta. Hasta aquí me parece que no existe ninguna complejidad en su interpretación y aplicación. Pero existen numerosas tesis generadas a la luz de juicios de amparo sobre casos que nos ilustran que no es tan comprendido el principio en el sistema jurídico nacional.

En una tesis jurisprudencial se establecieron 3 elementos de identidad que son necesarios para que se actualice la hipótesis del non bis in idem, a saber:

- Sujeto, es decir que se trate del mismo individuo
- Hecho, que la base factual sea la misma y,
- Fundamento

Veamos un caso de sobreseimiento en materia penal, donde quizá no existió una resolución donde se absuelva o se condene, o suponiendo que haya adquirido firmeza el sobreseimiento, ¿se actualiza el principio de non bis in ídem si la Fiscalía lo pretende someter de nueva cuenta al proceso? La respuesta es sí, si no se sustenta estrictamente en los mismos hechos, claro que el Ministerio Público puede conducirlo al juicio de nueva cuenta por el mismo delito o uno similar al de la causa anterior. Veamos la siguiente tesis que trata sobre la vertiente adjetivo-procesal del principio non bis in idem:

Registro digital: 2018181
Instancia: Plenos de Circuito
Décima Época
Materia(s): Constitucional, Penal
Tesis: PC.XIX. J/8 P (10a.)

Fuente: Gaceta del Semanario Judicial de la Federación. Libro 59, octubre de 2018, Tomo II, página 1707

Tipo: Jurisprudencia

PROHIBICIÓN DE DOBLE ENJUICIAMIENTO. NO SE VIOLA EL PRINCIPIO NON BIS IN IDEM, AUN CUANDO EL INCULPADO SEA SOMETIDO A PROCESO POR UN DELITO CUYA CLASIFICACIÓN LEGAL ES IGUAL O SIMILAR A LA DE DIVERSA CAUSA PENAL EN LA QUE SE SOBRESEYÓ, SI SE TRATA DE HECHOS DISTINTOS.

El artículo 23 de la Constitución Política de los Estados Unidos Mexicanos prohíbe el doble juzgamiento a una persona. Ahora bien, para estimar actualizada su violación, deben concurrir tres presupuestos de identidad: a) sujeto, b) hecho y c) fundamento. El primero exige que la acción punitiva del Estado recaiga en el mismo individuo; el segundo se actualiza si tiene como base el mismo hecho, al margen de que coincida o no la clasificación típica del o los ilícitos –lo que es compatible con la interpretación de la Corte Interamericana de Derechos Humanos, en relación con el artículo 8, numeral 4, de la Convención Americana sobre Derechos Humanos–; mientras que el último inciso se refiere a la constatación de la existencia de una decisión previa, la cual no necesariamente será de fondo (que condene o absuelva), sino que también podrá tratarse de una resolución análoga, esto es, una determinación definitiva que hubiera puesto fin a la controversia, como puede ser un auto de sobreseimiento que ha adquirido firmeza, pues en esta última hipótesis dicha decisión surte los efectos de una sentencia absolutoria con valor de cosa juzgada, en términos del artículo 304 del Código Federal de Procedimientos Penales (vigente hasta el 18 de junio de 2016 en el Estado de Tamaulipas); no obstante, si en el proceso penal en trámite no se le reprochan los mismos hechos sobre los que versó la causa anterior, no se surtirá el segundo presupuesto de identidad (hecho). Consecuentemente, no se viola el principio non bis in idem, aun cuando el inculpado sea sometido a proceso penal por un delito cuya clasificación legal es igual o similar a la diversa causa penal en la que se sobreseyó, si se trata de hechos distintos.

Asimismo, en el caso de las sanciones administrativas opera el principio non bis in ídem, derivado de la taxatividad en materia penal que analizamos en capítulos anteriores, toda vez que puede tener lugar *el fenómeno normativo de aplicación excluyente de una norma a pesar de la dualidad de bienes jurídicamente tutelados,* por citar un ejemplo, en el procedimiento administrativo sancionador de un servidor público, la conducta punitiva da lugar a un procedimiento administrativo pero también constituye un delito per se, en eso caso estamos ante una aplicación excluyente y debe optarse por uno u otro, pero no ambos al mismo tiempo. Veamos la siguiente tesis:

Registro digital: 2017137

Instancia: Tribunales Colegiados de Circuito

Décima Época

Materia(s): Constitucional, Administrativa

Tesis: I.4o.A.114 A (10a.)

Fuente: Gaceta del Semanario Judicial de la Federación. Libro 55, junio de 2018, Tomo IV, página 3199

Tipo: Aislada

SANCIONES PENALES Y ADMINISTRATIVAS EN EL DERECHO DISCIPLINARIO. PARA IMPONER AMBAS ES NECESARIO QUE NO EXISTA IDENTIDAD DE SUJETO, HECHO Y FUNDAMENTO, CONJUNTAMENTE, ATENTO AL PRINCIPIO NON BIS IN IDEM.

De conformidad con el artículo 109 de la Constitución Política de los Estados Unidos Mexicanos, la comisión de delitos por parte de cualquier servidor público que incurra en hechos de corrupción, será sancionada en términos de la legislación penal; asimismo, se le aplicarán sanciones administrativas por los actos u omisiones que afecten la legalidad, honradez, lealtad, imparcialidad y eficiencia que deba observar en el desempeño de su empleo, cargo o comisión, lo que se conoce como derecho disciplinario; finalmente, la ley establece los procedimientos para la investigación y sanción de dichos actos u omisiones. Por otra parte, el principio non bis in idem, que prohíbe que un acusado sea enjuiciado dos veces por el mismo delito, es aplicable a los procedimientos resueltos conforme al derecho administrativo sancionador. Cabe señalar que el fundamento de las sanciones administrativas se identifica con la naturaleza, objetivos y fines que persigue el derecho disciplinario, los cuales son distintos tratándose del derecho penal. Esto es, en el derecho penal el objetivo principal es promover el respeto a determinados bienes jurídicos tutelados mediante las normas (la vida, la propiedad, etcétera); de ahí que prohíba y sancione las conductas dirigidas a lesionarlos o ponerlos en peligro. En cambio, el derecho disciplinario busca la adecuada y eficiente función pública, como garantía constitucional en favor de los gobernados, al imponer a una comunidad específica –servidores y funcionarios públicos–, una forma de conducta correcta, honesta, adecuada y pertinente a su encargo; de lo cual deriva que, al faltar a un deber o al cumplimiento de dicha conducta correcta, debe aplicarse la sanción disciplinaria. Así, es precisamente el diverso o distinto fundamento, contenido, naturaleza, fines y objetivos, lo que permite, en su caso, que se imponga una sanción administrativa o una penal al mismo sujeto, aun cuando se esté ante identidad de hechos. En conclusión, el Estado puede ejercer su potestas puniendi en diversas manifestaciones que persiguen fines y conductas diferentes, aun cuando los hechos en que se funden sean análogos o semejantes, aunque basados en una dualidad o diversidad de bienes tutelados, de propósitos buscados o incentivos estratégicos que, de manera abundante, se describen tanto en la Constitución como en las disposiciones del derecho disciplinario. De ahí que para imponer dos sanciones, una administrativa en el derecho disciplinario y otra penal, es necesario que no exista identidad de sujeto, hecho y fundamento, conjuntamente, pues ello constituiría una violación al principio non bis in idem.

Dentro de la constelación de Derechos Humanos en el sistema judicial mexicano, existe la percepción normativa de que el principio non bis in idem es además un elemento de la tutela judicial efectiva y que se encuentra posicionado como un derecho que emana de la parte axiológica de la Norma Suprema, a la par del principio de debido proceso, la presunción de inocencia, la contradicción, ser oído y vencido en juicio (seguridad jurídica y predictibilidad del Derecho), lo cual es altamente favorable para todos los justiciables. Aquí una tesis que confirma mi aserto:

Registro digital: 2019394

Instancia: Tribunales Colegiados de Circuito

Décima Época

Materia(s): Constitucional, Común

Tesis: I.14o.T. J/3 (10a.)

Fuente: Gaceta del Semanario Judicial de la Federación.

Libro 63, febrero de 2019, Tomo II, página 2478

Tipo: Jurisprudencia

TUTELA JUDICIAL EFECTIVA. SU RELACIÓN CON LOS FORMALISMOS PROCESALES.

El artículo 17, párrafo tercero, de la Constitución Política de los Estados Unidos Mexicanos establece para los órganos jurisdiccionales la obligación de "privilegiar la solución del conflicto" por sobre los "formalismos procesales", con miras a lograr la tutela judicial efectiva. Este deber impuesto a los tribunales tiene como límite los derechos de las partes durante el proceso. El primero de ellos es el de igualdad procesal; esto es, las mismas oportunidades para exponer sus pretensiones y excepciones, para probar los hechos en que las fundamenten y para expresar sus alegatos. El segundo, es el de debido proceso; es decir, el respeto a las "formalidades esenciales del procedimiento" (que consisten en la notificación del inicio del procedimiento y de sus consecuencias; la oportunidad de ofrecer y desahogar pruebas; la posibilidad de formular alegatos, y la certeza de que el litigio será decidido con una resolución que dirima las cuestiones debatidas), así como otros derechos procesales que derivan de principios aceptados constitucionalmente, como los de presunción de inocencia, non bis in idem, contradicción, de preclusión, de eventualidad, de inmediación, de concentración, de publicidad, etcétera. Atento a lo anterior, debe considerarse que los formalismos tienen como razón de ser garantizar tres cosas: 1) la buena fe de las partes durante el proceso; 2) la no arbitrariedad de los Jueces; y, 3) la seguridad jurídica (en el sentido de predictibilidad). En este sentido, no se trata de obviar indiscriminada o irreflexivamente las formas que previene el orden jurídico, por considerarlas obstáculos a la justicia, sino de comprender cuál es su función y si ella puede ser cumplida sin menoscabo de la sustancia del litigio. Así, el artículo 17 aludido, es sólo una de las normas –directrices, principios y reglas– a las que deben apegarse los tribunales, y éstos tienen que ajustar su actuación a todas.

Ahora imaginemos, que coexisten dos procesos judiciales, uno civil y otro penal, y se desprende la responsabilidad para indemnizar o reparar el daño derivado de un hecho ilícito, la víctima tiene el derecho de acudir a una u otra instancia para que se le repare el daño, pero lo que no puede ocurrir es que pretenda agotar las dos competencias para alcanzar la misma finalidad resarcitoria, porque pueden contraponerse las bases para la cuantificación o la liquidación de aquella. Incluso en sede judicial penal puede promoverse de forma incidental luego de la audiencia de juicio, al momento de individualizarse la pena o incluso ante el mismo juez de ejecución penal si se trata de una condena genérica. En tanto que en el juicio civil, debe demandarse como prestación en el juicio principal y sentar las bases para su cuantificación al promover el incidente de ejecución en la vía de apremio. Veamos como el argumento contenido en la siguiente tesis:

Registro digital: 2017033

Instancia: Tribunales Colegiados de Circuito

Décima Época

Materia(s): Constitucional, Penal

Tesis: I.10o.P.25 P (10a.)

Fuente: Gaceta del Semanario Judicial de la Federación.

Libro 54, mayo de 2018, Tomo III, página 2775

Tipo: Aislada

REPARACIÓN DEL DAÑO. CONDENAR AL IMPUTADO A SU PAGO POR LA COMISIÓN DE UN DELITO, CUANDO EXISTE SENTENCIA EJECUTORIA CIVIL POR LOS MISMOS HECHOS QUE TAMBIÉN LO CONDENA POR DICHO CONCEPTO, VULNERA EL PRINCIPIO DE NON BIS IN IDEM.

A pesar del carácter de sanción pública que tiene la reparación del daño en materia penal, es importante no caracterizarla como una pena, esencialmente porque no le son aplicables los principios del derecho penal, como son el principio de exacta aplicación de la ley y el mandato de taxatividad. Ello lleva a deslindar la imposición de las penas privativas de libertad de la cuantificación de la reparación y a que el Juez resuelva atento a la naturaleza civil de los daños. Así, mientras que la fijación de la pena debe realizarse conforme al grado de culpabilidad del sujeto, la cuantía de la reparación, por el contrario, debe determinarse por la entidad del daño, en tanto su naturaleza es eminentemente civil; por lo que, cuando exista sentencia ejecutoria civil en la que se analicen los mismos hechos que en la vía penal, y que condene a la reparación del daño, en la sentencia penal no debe condenarse nuevamente por ese concepto, pues se sancionaría doblemente al sentenciado, infringiendo el principio non bis in idem.

Así las cosas, el principio non bis in idem, reporta una idea de justicia humanista y restaurativa en la que no se produzcan excesos en el reproche o sanción del poder punitivo o sancionatorio del Estado en contra de la persona.

BIBLIOGRAFÍA

Caso García Asto y Ramírez Rojas Vs. Perú. Excepción Preliminar, Fondo, Reparaciones y Costas. Sentencia de 25 de noviembre de 2005 .

LEGIS, Á. J. (30 de noviembre de 2023). Obtenido de https://www.ambitojuridico.com/noticias/general/recuerdan-diferencias-entre-retroactividad-ultraactividad-y-retrospectividad-951

Ley de Instituciones de Crédito. (s.f.).

Constitución Política de lo Estados Unidos Mexicanos. (1917).

Código Civil Federal. (s.f.).

Código Civil para la Ciudad de México. (s.f.).

Código de Comercio. (s.f.).

Aranda Z., G. (09 de noviembre de 2023). *https://lexgradibus.com/principios-generales-del-derecho-mexico/.* Obtenido de https://lexgradibus.com/principios-generales-del-derecho-mexico/

Asociados, C. y. (30 de Noviembre de 2023). *https://mexicolaw.com.mx/es/2020/05/07/caso-fortuito-y-de-fuerza-mayor-en-cumplimiento-de-obligaciones-contractuales-ante-covid-19/#:~:text=Los%20elementos%20bases%20de%20Caso, Debe%20ser%20un%20acontecimiento%20insuperable.*

Obtenido de
https://mexicolaw.com.mx/es/2020/05/07/caso-
fortuito-y-de-fuerza-mayor-en-cumplimiento-de-
obligaciones-contractuales-ante-covid-
19/#:~:text=Los%20elementos%20bases%20de%2
0Caso,Debe%20ser%20un%20acontecimiento%20in
superable.

Burruel Huerta, L. (2013). *Principios Constitucionales.
Desde la Constitución Mexicana hasta la Corte.* Ciudad de
México: Porrúa.

Díaz Aranda, E. (2015). *Lecciones de Derecho Penal
(para el nuevo Sistema de Justicia en México).* Ciudad de
México: UNAM.

Diputados, C. d. (10 de noviembre de 2023).
https://www.diputados.gob.mx/LeyesBiblio/index.htm.
Obtenido de
https://www.diputados.gob.mx/LeyesBiblio/index.
htm

Guastini, R. (2021). *Las fuentes del Derecho.*
Naucalpan de Juárez, Edo, Mex.: Derecho Global.

Guerrero Galván, A., & René, G. G. (2016).
Consulta previa a los pueblos y comunidades
indígenas. Ciudad de México: UNAM-IIJ.

Jurídicas, I. d. (2004). *Enciclopedia Jurídica Mexicana.*
Ciudad de México: Porrúa y Universidad Nacional
Autónoma de México.

McCadden M., C. J., & Orozco Garibay, J. M.
(2019). *Decir y Contradecir.* Ciudad de México: Porrúa.

México, C. J. (10 de noviembre de 2023).
https://data.consejeria.cdmx.gob.mx/index.php/leyes/leyes.
Obtenido de

https://data.consejeria.cdmx.gob.mx/index.php/ley
es/leyes

Poder Judicial de la República de Costa Rica. (30 de noviembre de 2023). *https://diccionariousual.poder-judicial.go.cr/index.php/diccionario/36433:caso-fortuito.* Obtenido de Diccionario de Uso del Poder Judicial.

República, S. d. (10 de noviembre de 2023). *https://www.senado.gob.mx/65/tratados_internacionales_a probados/listado_cronologico.* Obtenido de https://www.senado.gob.mx/65/tratados_internaci onales_aprobados/listado_cronologico

SCJN. (30 de noviembre de 2023). *https://www.scjn.gob.mx/sites/default/files/listas/document o_dos/2018-06/ADR-1499-2018.pdf.* Obtenido de https://www.scjn.gob.mx/sites/default/files/listas/ documento_dos/2018-06/ADR-1499-2018.pdf

SCJN, C. d. (2018). *El precedente en la Suprema Corte de Justicia de la Nación.* Ciudad de México: SCJN.

Sempé Minvielle, C. (1997). *Técnica legislativa y Desregulación.* Ciudad de México: Porrúa.

Taruffo, L. v. (s.f.). Obtenido de https://www.scielo.org.mx/scielo.php?script=sci_ar ttext&pid=S0041-86332016000200281

UNAM, I. (30 de noviembre de 2023). *https://asesoria.juridicas.unam.mx/preguntas/pregunta/29-Que-es-caso-fortuito-Que-es-fuerza-mayor-Cuales-son-sus-diferencias.*

Vergara T., J. M. (2002). *Manual de Derecho Penal.* Ciudad de México: Angel Editor.

Villalta y Vidal, A. (1982). *La individualización de la Ley Civil.* Ciudad de México: Porrúa.

Yee Romo, C. V. (2023). *El principio de legalidad, hacia una cultura de respeto al orden jurídico vigente.* Obtenido de http://ordenjuridico.gob.mx/Congreso/pdf/65.pdf

Zaffaroni, E. R. (1982). *Tratado de Derecho Penal, Tomo IV.* Buenos Aires: Ediar.